KB236588

# 미국인의 탄생

## 미국을 만든 다원성의 힘

# 차례
Contents

03인종의 샐러드 접시  07'미국인'의 정의  37미국적 동질성과 '다문화주의'  48아메리카니즘에 대한 도전  61히스패닉계의 도전  82아직도 아메리칸 드림은 유효하다

# 인종의 샐러드 접시

한국에서는 김·이·박 씨 등의 3대 성을 가진 사람들이 한국인 전체 인구의 무려 47%를 차지하고 있다. 반면에, 미국에서는 최대 성씨로 알려진 스미스Smith 성을 가진 사람들이 미국인 전체 인구의 불과 2.6%를 점하고 있을 뿐이다. 게다가 한국 성씨인 김 씨도 미국의 10대 성씨에 포함되어 있다. 이러한 사실은 한국 사회가 극도로 동질적인 사회인 반면에, 미국 사회는 그야말로 다양한 기원을 가진 사람들로 이루어진 사회임을 말해주고 있다.

사실, 오늘날 미국에는 다양한 피부색 및 상이한 종교와 문화를 가진 사람들이 모여 살고 있다. 그리고 17세기 초 제임스타운Jamestown에서의 영국인들과 '아메리카 인디언들' 사이의 첫 번째 만남으로부터 수많은 멕시코인들이 미국-멕시코 국경을 불법으로 넘어 들어오는 오늘에 이르기까지, 다양한 민족적 기원과 종교 그리고 인종 간의 상호 작용은 역사적으로 미국의 국가적 생활의 중요한 성격을 형성해왔다. 이렇게 볼 때, 미국 사회를 이해하는 데는 '인종'(피부·눈의 색깔·골격과 같은 신체적인 구별에 의한 것이 아닌, 언어·관습·종교와 같은 문화적인 구별에 의한 것) 문제가 하나의 중요한 관건이라고 할 수 있다. 즉, 미국 사회를 이해하는 하나의 지름길은 여러 인종·민족들이 구조적인 갈등과 대립 속에서 어떻게 화합과 조화를 이루며 '미국'이라는 거대한 국가를 형성하고 또한 정체성을 유지해왔는가 하는 문제를 살펴보는 것이다.

미국은 역사적으로 정복당한 인종인 아메리카 원주민(native Americans), 즉 인디언들과 노예로 붙잡혀 온 흑인들을 제외하고는 '자발적'으로 이민 온 사람들로 이루어진 국가이다. 따라서 전 세계에서 몰려든 이민의 나라 미국에는 수많은 인종들이 섞여서 산다. 『하버드 미국 인종 집단 백과사전*Harvard Encyclopedia of American Ethnic Groups*』은 맨 처음 아카디아인(Acadians)으로부터 시작하여 조로아스터교도(Zoroastrians)로 끝맺고 있다. 이러한 이유에서, 미국을 가리켜 '인종의 용광로(melting pot of races)'라고 일컬었다. 그러나 용광로는 서로 다른 것들을 한데 녹여 새로운 것을 만드는 것이므로, '인종의 용광로'라는 표현은 다원주의를 특징으로 하는 미국 사회를 적절히 표현하지 못한다는 비판이 제기되었다. 따라서 미국을 가리켜

‘인종의 샐러드 접시(salad bowl of races)’라고 달리 표현하기도 한다. 이 말은 여러 가지 야채를 썰어 만든 샐러드에 각 야채의 개성과 특성이 그대로 살아 있듯이, 미국 또한 다양한 인종이 ‘미국’이라는 정치적으로 통일된 나라를 만들면서도 각 인종과 민족의 특성을 그대로 유지하고 있다는 뜻이다. 혹은, 미국인들은 섞이지 않고도 아름다운 조화를 이루어낸다는 의미에서 자신들의 나라를 ‘무지개’라고도 표현했다. 요컨대, 미국은 인종적·문화적으로는 원심성의 다원주의 사회이면서도 정치적으로는 구심력을 갖고 통합되어 있다.

미국은 전 세계로부터 유입된 이민을 통하여 이루어진 다인종 국가로서, 다른 어느 나라보다 개방적이고 다원적인 사회를 이루어왔다. 반면에, 미국 사회에서는 이처럼 인종적·문화적 다원성을 유지하면서 동시에 정치적인 통합을 이루는 것, 다시 말해서 사회적·문화적 다원주의와 정치적 통합 간의 조화가 중요한 과제가 되어왔다. 19세기에 일어난 남북전쟁은 그러한 과제를 달성하는 과정에서 일어난 내전이었다.

미국이 다인종 국가로서 비교적 평등하고 개방적이며 다원적인 사회를 이룰 수 있게 된 원인과 조건, 그리고 다원주의(pluralism)가 미국 사회에 존재하는 모든 다양성을 정치 구조 내에 포용하는 이른바 ‘다양성의 정치(politics of difference)’를 통하여 비교적 잘 유지되고 그러면서도 정치적인 통합이 이루어지게 된 원인과 과정을 탐구하는 것은 미국 사회를 이해하는 첩경이 될 수 있다.

일반적으로, 한국처럼 단일 민족으로 이루어진 국가는 하나의 '국가'임을 주장하고 형성하는 공통의 역사, 언어, 종교, 혹은 인종이나 민족과 같은 통합 지향적이고 국민적인 동질성을 가능하게 하는 문화적인 요소들을 갖고 있다. 특히, 단일 민족으로 이루어진 한국인들 사이에서 '우리'라는 말은 강한 감정적인 호소력을 지니고 있다. 이에 반해, 미국은 그 나라에 거주하고 있는 사람들을 '미국인'이라는 하나의 국민으로 부르고 통합할 만한 수단을 갖고 있지 않다. 미국에서 '우리(we)'라는 말은 미국 정부를 가리키는 데 많이 사용되고 있다.

이렇게 볼 때, 미국인에 대해서는 다음과 같은 몇 가지 의문이 제기된다. 첫째, '미국인'이란 누구를 말함인가? 둘째, 미국 사회에는 '미국인'이라는 동질성을 가지게 하는 통합 지향적인 미국적인 문화가 존재하는가? 셋째, 미국인의 대부분을 차지하고 있는 '~계 미국인들(hypernated Americans)' 예컨대, 한국계 미국인 등이 공통의 문화나 유산에 의해서 '미국인'으로 결합되지 않는다면, 미국 사회는 어떤 방식으로 결속력을 유지할 수 있는가? 넷째, 미국 혹은 미국인의 동질성은 얼마나 강한가? 다섯째, 최근 히스패닉계의 급격한 인구 증가는 미국 사회의 결속력에 어떤 영향을 미치고 있는가?

이제부터 이러한 의문을 풀어보기로 한다.

# ‘미국인’의 정의

　이 지구상에 ‘아메리카’라는 지역의 이름으로 불리는 나라는 미국 외에는 없다. 미국인들은 ‘아메리카 합중국(the United States of America)’이라고 불리는 나라에 살고 있으며, 미국적인 것을 표현할 때 그 용어에 대한 배타적인 권리를 주장할 자격을 갖고 있지 못함에도 불구하고, ‘아메리칸American’이라는 형용사를 독점하고 있다. ‘아메리칸 드림American Dream’이 가장 단적인 예이다. 캐나다인이나 멕시코인들도 아메리카 대륙에 살고 있는 이른바 ‘아메리카인들’이지만, 그들은 그들을 규정하고 특징짓는 보다 분명한 형용사들(‘Canadian’과 ‘Mexican’)을 갖고 있다. 하지만 미국인들은 그러한 것을 갖고 있지 않다.

1920년대 미국의 정치사상가였던 캘런Horace M. Kallen은 다른 나라들은 국명을 그들에게 상속된 민족 이름이나 여러 민족들 중의 한 민족의 이름에서 취하고 있지만(전자의 경우 체코 혹은 폴란드가 전형적인 예이고, 후자의 경우 러시아가 대표적인 예이다), 미국은 '아메리카'라는 특별한 '익명'(즉, 구체적인 민족을 지칭하지 않는 이름)을 갖고 있다고 말했다. 그것은 그 나라에 누가 살고 있는가를 나타내지 않는 이름이다. '미국' 혹은 '미국인'이라는 말은 그것들이 지칭하는 사람들의 기원, 역사, 연고, 혹은 문화에 관하여 믿을 만한 정보를 전혀 제공해주지 않는다.

## 미국인에게는 '조국'이 없다

사실, 대부분의 미국인들에게 그들의 나라(미국)는 '조국'이 아니다. 초기의 개척자들, 그 뒤의 이민자들, 그리고 그들의 후손들인 미국인들은 선조들이 모두 다른 곳에서 왔고, 그래서 아무리 애국심이 높아도 자신의 나라를 '조국'이나 '모국' '고국(homeland)'이라고 말하는 경우가 거의 없다. 따라서 미국인들의 애국심은 다른 나라들의 경우에서 일반적으로 드러나는 조국에 대한 타고난 충성심과는 다른 모습을 보이고 있다.

미국 국민들에게 미국은 다른 여러 국가들과 달리, 일반적으로 고국이 갖는 맹목적인 감정이나 문화적·정서적 동질성을 의미하지 않는다. 미국은 여전히 이전의 장소를 기억하고 있는 이주민들로 이루어진 나라이다. 그 이주자들의 자녀들은 비록 간헐적이기는 하지만 그들이 미국 아닌 다른 곳에 조상의 뿌리를 두고 있다는 사실을 알고 있다. 이렇게 볼 때, 미국인들은 비록 미국 태생일지라도 실제로는 모두 외국 출신의 '~계 미국인'인 셈이다. 그들은 분명히 미국에서 태어나 성장하지만, 미국에 대해 약간의 서먹서먹한 느낌이나 거리감을 가져 미국 땅을 '고토故土(home)'라고 말하는 데 주저하는 경향이 있다.

사실, 영국에서 일반적으로 통용되고 있는 'home'이라는 단어를 사용한 정치적 용어들, 예컨대 런던을 둘러싼 여러 주를 의미하는 '홈 카운티home counties', '내무부(Home Office)', '자치(home rule)' 등의 말이 미국에서는 뿌리를 내리지 못했다. 미국에서 내무부는 'Department of the Interior'로, 자치는 'self-government'로 표기되고 있다. 미국에서 'home'이라는 말은 주로 개인적인 문제 내지 일과 관련되어 있는 것이 특징이다. 예컨대 '홈스테드homestead(자작 농장)' '향리 사람들(homefolks)' '향리(hometown)' 등의 말이 그것이다.

최근 이러한 경향에 정면으로 배치되는 말이 나타나 흥미롭다. 2001년 9월 11일의 이른바 '9·11 테러' 이후 나타난 미국인들의 애국심을 반영, 부시George W. Bush 행정부는 2002년 11월 '조국안전부(Department of Homeland Security)'를 창설했다. 'home'이라는 말이 미국에서 정치적 용어로 사용되기는 이번이 처음이다.

　미국인들에게는 공통의 조국(patrie)이 없고 많은 다른 조국들, 즉 무수한 조국 혹은 모국들이 존재한다. 캘런의 표현을 빌리면 이것은 조국의 '익명성'으로, 바로 '미국인'의 의미를 특징짓는 하나의 중요한 현상이다. 이민 세대의 어린아이들 혹은 그 자손들에게 조국, 즉 '조상이 태어난 땅'은 미국이 아닌 다른 어딘가에 있다. 미국에서 '토착 아메리카인'이라는 말은 오래 전에 아메리카 대륙에 건너온 최초의 이주자들, 즉 아메리카 인디언을 가리키는 말이다.

## 하나 속의 다수

　이렇게 볼 때, 미국은 주 혹은 국가들의 결합체이기보다는 인종 집단, 민족 집단, 그리고 종교 집단들의 결합체이다. 다시 말해서, 미국은 '토착인들(natives)'과는 관계가 없는 다양한 인종적·문화적 집단들의 결합체인 것이다.

　미국 정부의 문장文章에는 'E pluribus unum', 즉 '여럿으로 구성된 하나(from many, one)'라는 제명題名이 새겨져 있는데, 이것은 이전의 다양성(manyness)이 이제는 단일성(oneness)으로 변모되었음을 말하고 있다. 다시 말해서, 한때는 여럿이 있었을지라도 이제는 그 여럿이 하나로 융합되거나 혹은 하나로 용해되었음을 의미하고 있다. 그러나 그 문장은 또 다른 이미지도 제시해주고 있다. 즉, 그 문장 속에 있는 '미국'을 상징하는 흰머리 독수리는 한 다발의 화살을 갖고 있는데, 그 모습은

위에서 지적한 바와 같은 융합이나 용해를 의미하기보다는 단순히 하나의 결속 혹은 한데 묶는 것만을 의미하고 있다. 다시 말해서, 그것은 '하나 속의 다수(many-in-all)', 즉 다양한 인종 내지 민족들이 미국에 이민 와서 '미국인'이라는 하나의 국민으로 결속되어 있음을 상징적으로 나타내고 있다.

이렇게 볼 때, '아메리칸American'이라는 형용사는 미국인들에게 이러한 여러 종류의 하나됨 혹은 통합을 묘사하고 있는 말이다. 즉, '아메리칸'이라는 말은 그것이 지칭하는 사람들, 다시 말해서 미국인들의 태생이나 생득적인 국적을 지적하는 것이라기보다는 그들이 '시민권자'로서의 미국인이라는 사실, 즉 이주자들이 이민을 와서 시민권을 취득함으로써 정치적으로 미국 시민이 되었다는 사실을 가리키고 있다. 따라서 그것은 상당히 정치적인 성격의 말이고, 그것이 의미하는 정치는 불가피하게 포용성을 띠고 있다. 다시 말해서, 미국의 정치는 관용적이고 관대하고 융통성을 보일 수밖에 없으며, 미국 사회의 인종적·문화적 다양성의 생존과 번영을 보장하고 있는 것이다.

이와 같은 관점에서 볼 때, 미국 정부의 문장에 있는 '~로부터(E, from)'라는 말은 사실은 잘못된 전치사인 것 같다. 왜냐하면 '미국인'의 정의에 관한 한 '여럿으로부터 하나로' 움직였다기보다 '하나 속의 다수'라는 말이 함축하는 것처럼 다양성과 단일성의 동시성 내지 공존 현상이 나타나고 있기 때문이다. 즉, 미국인들은 여러 인종이나 민족이 하나로 합쳐져 이루어진 것이라기보다는 '미국인'이라는 큰 틀 속에 다수의 인종이나 민족이 동시에 존재하는 형태를 띠고 있다. 그리하여 캘런은 미국을 '다민족의 국가(nation of nationalities)'라고 불렀고, 롤스John Rawls는 '사회적 결합체들로 이루어진 사회적 결합체(social union of social unions)'로서 '포용력 있는 국가'라고 말했다. 이러한 형태의 국가 내지 국민의 경우, 사람들의 충성심과 의무가 자신이 속한 민족과 국가 중 주로 어디에 주어져야 하는지에 대한 갈등이 야기될 수 있는 것은 다원주의 사회의 불가피한 산물이라고 할 수 있다.

중동의 쿠르드족은 수천만 명의 인구에도 불구하고 자신들의 국가를 갖지 못한 불행한 민족이다. 이 민족은 구 소련, 이란, 이라크, 터키, 시리아 등의 나라에 속해 있다. 쿠르드족의 경우, 그들의 충성심과 의무는 주로 그들이 현재 속해 있는 국가보다는 민족에게 주어지고 있다. 반면에, 복잡한 다민족 국가에 속해 있는 미국인의 경우, 그들의 충성심과 의무는 전폭적으로 국가에 주어지고 있다.

하나의 국가나 사회적 결합체는 복수의 민족들이나 결합체들이 단순히 합쳐지거나 묶여져서 형성되는 것이 아니다. 그러한 국가나 사회적 결합체는 다양한 민족이나 결합체들을 '포함'하고 있으며 그것들이 공존하기 위한 틀을 제공하고 있다. 그리고 그와 같은 다양한 민족이나 결합체들은 국가나 사회적 결합체를 이루는 부품들이 아니다.

## 시민들, 미국을 이루는 부품

미국을 이루는 부품들은 개개의 남녀 '시민들'이다. 이렇게 보면, 미국은 '시민들의 결합체(association of citizens)'이다. '미국인'이라고 불리는 일단의 사람들은 '미국'이라고 불리는 정치적인 사회를 형성하기 위하여 함께 모인 것이 아니었다. 그 사람들은 단지 '미국'이라는 나라에 와서 함께 모였다는 사실에 의해, 즉 미국 시민권자가 됨으로써 미국인이 되었다. 그리고 그들은 미국인이 되기 이전에 가지고 있던 소속 정체성(identity), 즉 이전에 자신이 속했던 민족 혹은 인종을 미국인이 된 뒤에도 자유로이 보유하고 있다. 캘런은 "미국인 개개인은 옷이나 정치, 배우자, 종교, 철학 등을 바꾼다. 하지만 조상을 바꾸지는 못한다. 아일랜드 사람은 늘 아일랜드 사람이고, 유대인은 늘 유대인이다. 아일랜드 사람인 것과 유대인인 것은 태생적 현실이다. 반면에, 국적과 종교는 문명의 산물이다"라고 말했다. 요컨대, 그는 "사람들은 문화를 바꿀 수는 있어도 민족은 바꿀 수 없다"고 주장했다.

이렇게 미국인 개개인이 조상을 바꿀 수는 없지만, 그가 이전에 가졌던 관습과 신념을 거부하고 오랫동안 내려온 가문의 성을 포기하여 새로운 '생활 방식'을 채택할 수는 있다. 그렇게 함으로써, 그는 '~계 미국인'이라는 딱지를 떼고 '진짜 미국인'이 될 수 있다. 그는 또한 이렇게 '~계 미국인'이라는 딱지에서 벗어남과 동시에 '~인종'이라는 이름에서도 벗어날

수 있다. 결국 미국인은 인종적으로 어느 인종에도 속하지 않는 '익명성'을 지니게 된다.

인종적·민족적으로 전혀 동질적이지 않았던 미국인들이 '익명성'을 갖게 되면서, 즉 어느 인종에도 속하지 않게 됨으로써 보다 나은 미국인이 될 수 있었다. 왜냐하면 다양한 인종으로 이루어진 미국 사회의 문화가 다양성을 특징으로 하는 반면에 미국의 정치는 단일성과 통일성을 특징으로 하고 있으며, 미국인 개개인은 동질성을 갖지 못한 미국의 여러 이질적인 문화보다는 정치체제를 통해 '미국인'으로서의 결속력을 다질 수 있었기 때문이다.

요컨대, 미국의 모든 인종·민족 집단이 공통적으로 갖고 있는 가장 중요한 것은 그들의 시민권이고, 반면에 이들 개개의 인종·민족 집단들의 차이를 확연히 드러내는 것은 그들의 문화이다. 미국인의 생활에서 흔히 번갈아 나타나는 애국적 열정과 인종·민족의식의 대두에 있어서, 전자는 미국적 공통성을 높이려는 욕구의 표현이고 후자는 그들 간의 차이를 재확인하려는 욕구의 표현이다.

오늘날도 계속되고 있는 대규모의 이민은 미국에서 많은 '~계 미국인'을 만들어내고 있다. 그리고 이들 '~계 미국인'들은 새로운 땅 미국에서 '미국인화' 되어가고 있다. 다른 한편으로, 옛 인종 집단의 이른바 '운동권' 행동파들과 인종 의식의 신봉자들은 인종 의식의 부활을 고무하고 있다. 이렇게 볼 때, 미국은 아직도 완성되지 않은 사회이고, 이러한 미완성이 미국 국가 내지 국민의 하나의 특징적인 현상이라고 할 수 있다.

미국은 정치적으로는 강력한 구심력을 가지고 있다. 하지만 미국은 그 밖의 모든 면에서 원심력이 강한 나라이다. 게다가, 그 정치적인 구심력은 간헐적으로 나타나는(예컨대 '9·11 테러' 이후 나타난) 애국적 열정에도 불구하고 그 밖의 분야(예컨대 이질적인 문화)가 갖는 원심력을 충분히 제어하지 못하고 있다. 그리고 그 정치적인 구심력은 기존의 인종적 혹은 종교적 정체성을 훼손할 정도로 국가에 대한 헌신을 필요로 하지도, 요구하지도 않는다. 그것은 또한 완성된 혹은 완전한 응집력을 가진 미국화를 목표로 하지도 않는다.

사실, 미국의 정치는 본질적으로 매우 다원적이다. 미국에서는 인종별로 투표 성향이 확연히 구별되는 경우가 많다. 예컨대, 아프리카계 미국인(흑인)과 아메리카 원주민(인디언)들 절대 다수가 민주당을 지지하고 있다. 그리고 특정 인종·민족이 특정 지역에서 정치적으로 강력한 힘을 발휘하는 경우가 많다. 히스패닉계가 뉴멕시코, 텍사스, 캘리포니아, 플로리다 주 등에서 강력한 힘을 발휘하고 있는가 하면, 오하이오 주 톨레도Toledo 시에서는 우크라이나계 미국인들의 정치적 발언권이 강하고, 하와이 주에서는 일본계·필리핀계 연합 세력이 그 주의 정치계를 석권하고 있다. 그리고 아프리카계 미국인들이 수도 워싱턴 시의 시정을 장악하고 있는 것이 또 다른 예이다. 이렇게 볼 때, 급진적인 미국화 계획은 오히려 그 자체가 비미국적이라고 할 수 있다. 한마디로 말해서, 미국에서는 인종적 다원주의와 정치적 통일성이 잘 조화를 이루어왔다.

요컨대, 미국은 세계 도처에서 이민 온 사람들로 이루어진 다인종·다민족 국가이고, 이들 이주자들의 대부분은 미국 시민권의 획득을 통하여 '시민'이 되고, 바로 이러한 의미에서 '미국인'이 되고 있다. 이렇게 미국은 '시민권자들의 결합체'이고, 미국인은 바로 '미국 시민권자'라고 정의할 수 있다. 다시 말해서, 미국은 공통의 역사나 문화를 전혀 갖지 않고 단지 미국에서의 거주와 시민권만을 공유한 이주자들로 이루어진 나라이다.

# 새로운 인종의 탄생

미국은 처음부터 다인종 국가로 출발했다. 예컨대 크레브꾀르Hector St. John de Crevecoeur는 1759년 프랑스를 떠나 아메리카 식민지로 이주한 뒤, 그곳 여자와 결혼하여 뉴욕 주 오렌지 카운티Orange County에 있는 한 농장에 정착했다. 그는 미국 독립혁명 동안에 『한 미국 농부로부터의 편지Letters from an American Farmer』라는 책을 출간했다. 이 18세기 프랑스계 미국인은 주위에 있는 많은 다른 거주자들의 진기한 모습, 즉 영국인, 스코틀랜드인, 아일랜드인, 프랑스인, 네덜란드인, 독일인, 스웨덴인 등의 피가 서로 섞여 있는 모습에 놀라움을 금치 못했다. 그는 다른 나라들에서는 좀처럼 발견할 수 없는 이와 같은 '이상한 피의 혼합' 현상에 경악했다. 그는 할아버지가 영국계, 할머니가 네덜란드계이고, 아버지가 프랑스계 여자와 결혼했으며, 네 명의 아들들이 모두 다른 민족의 여자들과 결혼했던 한 가문에 대해 언급하고 있다. 그는 "이러한 복잡한 혈통(promiscuous breed) 관계에서 미국인이라고 불리는 인종이 대두했다"고 말했다. 그는 자신의 책에서 이렇게 이상한 모습을 하고 있는 '미국 인종(American race)'이라는 새로운 사람들은 어떤 존재인가 하는 유명한 질문을 던졌다.

크레브꾀르는 그 질문에 대해 스스로 고전적인 해답을 제시했다. 그는 "이 새로운 사람들은 옛날의 모든 편견과 방법들을 뒤에 남겨두고, 새로운 것을 받아들이고, 새로운 정부에 복종하고, 새로운 지위를 보유하는 미국인들이다. 미국인들은 새로운 원리들에 따라 행동하는 새로운 사람들이다. 미국에서는 모든 민족에 속한 사람들이 하나의 새로운 인종(a new race)으로 용해된다"라고 말했다.

이렇게 미국인들은 처음부터 자신의 인종적·민족적 뿌리와의 관계를 끊고 과거에서 벗어나 신대륙에서 새로운 삶을 영위하고, 각기 분리된 인종의 '실들'이 새로운 국민 혹은 인종이라는 '옷감'으로 짜여지는 사람들이었다. 신생 공화국 미국의 비공식적인 표어는 '결코 뒤돌아보지 마라'였다. 소설가 멜빌Herman Melville은 그의 소설 『백경』에서 "과거는 죽었으며 부활하지 않는다. 과거는 폭군의 교과서이고, 미래는 자유인의 성서이다"라고 말했다.

나아가, 미국은 일찍부터 구세계의 많은 사람들이 '미국인'

이라는 하나의 새로운 국민으로 용해되어 이루어진 나라로 표현되었다. 즉, 미국인은 하나의 '새로운 인종'으로 여겨졌다. 멜빌은 "이 서반구에서는 모든 부족과 사람들이 하나의 연합된 전체를 형성하고 있다"고 말했다. 그리고 시인 에머슨Ralph Waldo Emerson은 "이 대륙 – 모든 민족들의 피난처에서는 아일랜드인, 독일인, 스웨덴인, 폴란드인, 코사크인, 아프리카인, 폴리네시아인들이 힘을 합쳐 새로운 인종, 새로운 종교, 새로운 국가, 새로운 문학을 이룰 것"이라고 주장했다. 그는 새롭고 우수한 인종으로서의 미국인의 형성을 여러 금속들이 제련소의 화력에 의해 정제되어 합성된 합성물에 비유했다. 그는 크레브꾀르가 언급한 바 있던 결혼에 의한 인종적 융합을 재차 강조했다.

멜빌과 에머슨 못지않게 워싱턴George Washington 또한 미국인들이 '새로운 인종'임을 굳게 믿었다. 그는 "미국의 가슴은 억압받고 박해받는 모든 민족과 종교들에 대해 열려 있다"고 말했다. 그는 "열린 미국의 가슴에 안긴 이주자들은 그들이 가져온 언어와 습관과 원칙들을 잊지 않고 있기 때문에, 우리들과 혼합할 수 있도록 해주면 우리의 관습과 기준과 법에 동화되어 곧 하나의 국민(one people)이 될 것"이라고 주장했다.

애덤스John Quincy Adams(제6대 대통령으로 제2대 대통령인 존 애덤스John Adams의 아들)도 새로운 미국적 정체성이 특이하다고 생각했다. 그는 국무장관 시절 미국으로의 이민을 생각하고 있는 어느 독일인 귀족에게 "이민 오는 사람들은 유럽인의 피부를 벗어버리고 결코 그것을 되찾지 않아야 하며, 조상 쪽을 뒤돌아보지 말고 후손 쪽을 바라보아야 한다는 사실을 마음속에 굳혀야 한다”고 충고했다.

## 잡동사니의 사회가 단일 사회로 되기까지

문제는 크레브꾀르가 지적한 ‘복잡한 혈통’의 미국인들이 어떻게 하나의 ‘새로운 인종’으로 변형될 수 있는가 하는 점이었다. 이 문제는 크레브꾀르보다 70여 년 뒤인 1830년대에 미국을 방문한 프랑스인 토크빌Alexis de Tocqueville의 관심과 의문의 대상이기도 했다. 그는 “세계의 모든 민족들로 이루어지고 상이한 언어들과 믿음들과 의견들을 가진, 한마디로 뿌리도 기억도 편견도 공통의 사상도 국민적 성격도 없는 잡동사니의 사회가 어떻게 하나의 단일 사회로 만들어질 수 있었는가” 하는 의문을 제기했다.

그는 자신이 제기한 의문에 대해 “미국인들의 민주주의와 자치에 대한 헌신”을 그 답으로 제시했다. 그는 1835~1840년 저술한 자신의 저서 『미국의 민주주의Democracy in America』에서 “공공 생활에의 참여야말로 미국인들의 가장 위대한 교사이자 미국 사회를 통일시키는 힘”이라고 말했다. 그는 또한 “미국으로 이주한 사람들은 독립선언서와 헌법이 부여한 정치적 권리를 행사하고 공공의 책임을 다함으로써 미국인이 된다”고 주장했다.

토크빌의 저술이 나온 지 약 50년 후인 1899년 미국의 민주주의에 대한 또 다른 외국인 관찰자였던 브레이스James Brace가 『미국 공화국*The American Commonwealth*』이란 저서를 내놓았는데, 그 당시 미국에서는 이민자들의 수가 크게 증가하고 또한 다변화되어 가고 있었다. 당시 유럽인들은 미국이 이들 '이질적인 요소들'을 동화시키는 데 매우 긴 시간이 걸릴 것으로 예상했다. 그러나 실제 상황은 그 반대였다. 이러한 이해될 수 없는 현상에 대한 해답으로 브레이스는 "미국의 제도, 습관, 사상들이 모든 인종의 새로 이민 온 사람들에게 가하는 놀라운 용해력은 미국 땅에 쏟아져 들어오는 외국인들을 신속하게 녹이고 동화시킨다"라고 말했다.

토크빌이 미국 민주주의에 대해 언급한 지 1세기 후, 또 다른 미국 방문자였던 스웨덴의 미르달Gunnar Myrdal은 1944년 그의 저서 『미국의 딜레마*An American Dilemma: The Negro Problem and Modern Democracy*』에서 '미국의 신조(American Creed)'가 결속력 있는 미국인을 만든 원동력이라고 말했다. 그는 미국의 사상·제도·습관들을 총칭하여 '미국의 신조'라고 불렀다. 그는 "모든 민족적 기원, 지역, 신조, 그리고 피부 색깔의 미국인들은 서양 세계의 '일반적인 이상들', 즉 모든 인간의 본질적인 존엄성과 평등 및 자유와 정의, 기회에 대한 양도할 수 없는 권리라는 이상들이 가장 명시적으로 표현된 체제를 갖고 있다"고 말했다. 그는 '미국의 신조'가 비백인계 소수 인종들을 포함한 모든 미국인들을 연결시켜 주는 끈이고, 미국인들이 그

원리에 따라 살아가게 하는 영원한 자극제라고 생각했다.

'미국의 신조'는 미국인의 정체성을 규정하는 핵심적 요소였다. 그것은 영국으로부터 전해져온 유산들에서 비롯되었고, 그 영국적 유산들이 1세기 반에 걸친 식민지 시대의 경험을 통해 개조되어 '미국의 신조'로 발전하였다. 다시 말해서, '미국의 신조'는 17세기와 18세기에 미국을 일으킨 영국인 개척자들의 뚜렷한 앵글로-프로테스탄트 문화의 산물이었다. 이 문화의 핵심 요소들은 영어, 개신교, 종교적 헌신, 영국식의 법치·통치자들의 책임·개인의 권리, 프로테스탄트의 개인주의 가치관·근로윤리 등을 포함하고 있었다. 영국인들은 북아메리카 대륙에서 프랑스인, 스페인인, 네덜란드인들과 같은 경쟁자들을 제거한 뒤 이 앵글로-프로테스탄트 문화를 바탕으로 하여 새로운 사회를 형성했다. 그 결과, 미국의 언어·법률·제도·정치·사상·문학·관습·교훈·기도문 등은 모두 영국에서 유래하게 되었다. 크레브꾀르는 자신의 책을 모국어인 프랑스어가 아니라 새로이 습득한 영어로 썼다.

이런 이유로, 영국적인 전통은 독립 후 2세기 동안 미국의 사회와 문화에 깊숙이 자리하면서 지배적인 영향력을 누리게 되었다. 동시에, '와스프WASP(White Anglo-Saxon Protestants)'가 미국 사회의 주류를 형성하게 되었다. 영국적인 앵글로-프로테스탄트 문화는 다른 국적 혹은 민족의 이주민들이 따르도록 예정되어진 기준이 되었고, 동화의 모체 내지 기반이 되었다. 역사적으로 수백만 명의 이민자들은 대체로 그 문화와 그것을 가능하게 한 경제적 기회들 때문에 미국에 매력을 느꼈다.

'미국의 신조'와 비슷한 어떤 것도 유럽 대륙의 사회나 프랑스·스페인·포르투갈의 식민지들, 그리고 뒤를 이은 영국의 캐나다·남아프리카·오스트레일리아·뉴질랜드 식민지에서도 나타나지 않았다. 미국인들이 앵글로-프로테스탄트 문화의 독특한 산물인 '미국의 신조'를 받아들인 정도와 열성, 연속성은 그것이 미국의 국가적 성격과 국가적 정체성에서 필수불가결한 일부임을 증명한다.

## 신참들과 고참들 간의 갈등

19세기에 들어서자 비영국계 이주자들이 미국으로 쇄도했다. 1820년부터 2000년까지 대략 6,600만 명의 이민자들이 미국에 왔다. 초기의 많은 이민자들은 온갖 고난과 역경을 넘어 마침내 뉴욕 항에서 '자유의 여신상'을 보았을 때 기쁨의 눈물을 흘렸다. 그들은 근로와 자유, 그리고 희망을 주는 새로운 나라에서 적극적으로 자신의 정체성을 찾고자 했다.

19세기 초에 미국에 이민 온 사람들은 주로 유럽 대륙의 농민들이었다. 자신의 출생지에서 20마일 이상을 벗어나본 적이 없었던 이들은 새로운 삶을 찾아 힘든 모험 끝에 '이상한 땅(strange land)' 미국으로 이주했다. '이상한 땅'에 새로 이주한 사람들은 처음에는 정신적인 안도감과 생명 및 재산상의 안전을 위해 자신의 동포와 모국의 언어, 학교와 교회에 집착하는 경향을 띠게 되었다. 이러한 인종적인 '영지'는 보다 크고 위험한 미국적인 생활로 들어가기에 앞서 재집결과 기본적인 훈련을 위한 무대의 역할을 했다.

이 새로운 이주자들은 주로 서유럽 및 북유럽에서 왔는데, 오래 전부터 터전을 갖고 토착화되어 있던 영국계의 사람들은 이들 '신참들(new-timers)'을 싫어했고 자신들과는 전혀 다른 그들의 낯선 존재를 경멸했으며 그들의 이국적인 종교(예컨대, 아일랜드계의 가톨릭교)와 관습들을 두려워했다. 따라서 새로운 이주자들은 취업을 하는 데 상당한 차별을 감수해야 했고 상류 사회의 경멸을 경험해야 했다.

이민의 물결이 증대되면서 자연스럽게 '고참들(old-timers)' 사이에서 분노감도 높아졌다. 1850년대에는 성조기회(Supreme Order of the Star-Spangled Banner)와 그것의 정치적 전위체인 아메리카정당(American Party)과 같은 미국 태생 미국인들의 조직이 생겨나서 외국 태생 사람들의 귀화 절차의 연장과 정치적 권리의 제한을 요구했다. 그 후 다시는 그러한 정당이 나타나지 않았지만, 배외적인 이민 반대 움직임은 때때로 되풀이되었다.

그 뒤, 남북전쟁 이전에 이민 온 사람들은 점차적으로 '미국인'이 되어갔다. 프런티어frontier 사관으로 유명한 역사가 터너Frederick Jackson Turner는 그의 저서 『미국 역사에서의 프런티어 The Frontier in American History』에서 "프런티어는 하나의 혼합적인 국민의 형성을 촉진했다. 프런티어의 도가니 속에서 이주자들은 미국화되었고, 자유롭게 되었으며, 국적상으로도 특성상으로도 영국적이지 않은 하나의 혼합된 인종으로 용해되었다"고 미국인의 '형성'에 대한 프런티어의 영향력을 강조했다. 물론, 도시의 도가니에서도 인종적인 동화가 급속히 이루어졌다.

남북전쟁 후 남부 유럽 및 동부 유럽으로부터 이른바 '새로운' 이민이 이루어졌다. 1865년부터 1917년까지의 약 50년 동안에 2,700만 명 이상이 미국으로 이주했다. 이 새로 이주한 사람들, 즉 이탈리아인, 폴란드인, 헝가리인, 체코인, 슬로바키아인, 러시아인, 유대인들의 색다른 관습·의상·언어·종교는 토착 미국인들에게 불안감을 불러일으켰다. 미국 땅에 새로 발을 디딘 이주자들은 사회적인 편견으로 인하여 많은 고통을 겪어야 했지만 선거나 공직 취임과 같은 공공의 참여에서 배제되지 않았으며, 그러한 공공의 참여는 그들에게 '미국의 신조'의 근본 원리들을 주입시켰다. 그들은 미국의 인종적 구성 형태를 바꾸기는 했으나, 미국인이 되려는 생각을 결코 버리지 않았다.

## 인종의 혼합

철학자 제임스Henry James는 1904년 뉴욕 항의 엘리스 섬 (Ellis Island, 이민 온 사람들을 심사하여 입국과 퇴출을 명하던 곳)에서 목격된 이민의 물결을 "미국 인종을 충원하려는, 미국의 거대한 국민적 포토프pot-au-feu(수프)를 채우는, 미국이라는 혼합적인 체제에 신선한 외국 물질을 도입하는 끝없는 과정”
으로 이해하고 강한 인상을 받았다. 그는 이민 온 사람들의 자
녀들을 효과적으로 미국인으로 전환시키는 정치적·사회적 관
습과 학교, 신문과 같은 미국의 거대한 기구들이 ‘인종적 혼
합’을 확실하게 이루어낸다고 생각했다.

　제임스의 언급 이후 몇 해가 지나 ‘새로운 인종’으로서 미국
인의 형성을 의미하는 가장 유명한 용어가 나타났다. 1908년
은 이민의 물결이 절정을 이룬 한 해였다. 이 해에 러시아 출
신의 유대인 극작가 쟁월Israel Zangwill의 연극이 워싱턴에서 공
연되었다. 그의 연극 「멜팅 포트Melting Pot」는 뉴욕에 있는 한
젊은 러시아 출신 유대인 작곡가에 관한 이야기로, 외국인 이
민자의 미국 이민 생활을 솔직하고 감상적으로 표현하여 수많
은 관객들을 매료시켰다. 이 작품은 이민자들이 엘리스 섬을
통해 미국에 와서 그들의 오랜 문화적 전통과 사회적 관습을
버리고 다른 민족과의 결혼을 통해 미국인으로서의 정체성을
만들어가는 과정을 그렸다. 이 연극 속에서 주인공 퀴사노
David Quixano는 “미국은 신의 도가니(crucible), 유럽의 모든 인
종들이 녹아서 개조되는 커다란 인종의 용광로이다. 여기에서
당신은 50개의 집단 속에서, 50개의 언어와 50개의 피의 숙명
적인 증오심을 갖고 서 있다. 독일인, 프랑스인, 아일랜드인,
영국인, 유대인, 러시아인 모두가 당신과 함께 인종의 용광로
속에 들어간다. 신이 미국을 만들고 있다”고 외쳤다.

　이 연극에서 쟁월은 미국을 모든 인종·민족 집단들의 이전

의 원한과 차이점들이 용해되어 하나의 새로운 집단을 만드는 용광로로 묘사했다. 그는 이 미국이라는 용광로 속에서의 문화적 그리고 생물학적인 인종적 융합으로 단일의 독특한 인종 집단인 동질적인 미국인이 만들어진다고 믿었다.

이 용광로 개념은 전통적인 앵글로-프로테스탄트 문화로의 동화 작용, 즉 '토마토 수프tomato soup' 개념에 대한 하나의 도전인 동시에 대안이기도 했다. '토마토 수프' 개념은 앵글로-프로테스탄트 문화라는 토마토 수프는 이민자들이 온갖 양념을 보태지만 기본적으로 그것은 여전히 토마토 수프라는 이론으로, 이것은 모든 이민자들이 기존의 앵글로-프로테스탄트 문화에 동화될 것을 요구하는 개념이었다.

쟁윌이 처음으로 사용한 '멜팅 포트'라는 용어는 논란을 불러일으키기에 충분했다. 왜냐하면 미국에서 인종의 용해 과정은 실제로는 불완전했기 때문이었다. 소수계 인종들은 '소 이탈리아(Little Italy)' '차이나타운Chinatown' '할렘Harlem' 등과 같이 그들의 방식으로 사는 자신들의 근거지를 형성하고 있었다. 그리고 이탈리아인의 콜럼버스 기념일, 중국인의 음력절, 아일랜드인의 성 패트릭(St. Patrick) 기념일, 유대인의 유월절 등 각 민족의 고유한 풍습이 그대로 지켜지면서 민족적 유대감을 강화하고 있었다.

영국계가 주도하고 미국 사회의 주류를 형성했던 '와스프'의 문화 또한 소수계 인종들의 접근을 쉽게 허용하지 않았다. 그러한 가운데 인종의 혼합을 가로막아 오던 여러 장벽들이 점차 무너지고, 새로 이민 온 사람들이 돈과 명성을 얻게 되면서 인종 간의 결혼이 가능해졌다.

인종 간의 결혼과 같은 방식을 통한 인종적 정체성의 소멸에 대해 많은 사람들이 바람직하다고 생각했다. 사실, 20세기 초에 많은 이주자의 자녀들이 인종 간의 결혼을 시도했다.

그러나 곧 인종적 정체성의 옹호자들이 나타나서 독특하고 차별적인 인종적 가치들과 인종별로 구성된 선거구의 보존이 갖는 현실적인 이익을 주장했다. 이러한 상황에서 새로 이주한 사람들에 대한 '미국화(Americanization)' 운동이 대두했다. 이 미국화 운동은 새로 이주한 사람들에게 언어와 시민권과 미국 역사에 대한 특별 교육을 제공하여 그들의 미국 사회에의 동화를 촉진할 것을 목표로 하였다.

미국인들은 18세기 후반에 '이민자(immigrant)'란 용어와 개념을 만들었을 때 '미국화'란 용어와 개념도 만들었다. 그들은 새로 들어오는 사람들을 '미국인'으로 만들어야 할 필요성을 느꼈다. '건국의 아버지들' 중의 한 명인 제이John Jay는 1797년에 "우리는 이곳에 사는 사람들이 더 미국화되는 것을 보아야 한다"고 말했다. 미국화의 목표를 달성하려는 노력은 20세기 초반에 절정에 달했다. 대법원 판사였던 브랜다이스Lewis Brandise는 1919년에 "미국화는 이민자들이 이곳에서 일반적인 옷과 관습, 그리고 예절을 수용하고 (중략) 모국어 대신에 영어를 사용하고, 자신들의 이익과 애정이 이곳에 뿌리박히게 하고, 우리의 이상과 희망들에 완벽한 조화를 이루고, 우리와 함께 그것들을 달성하는 것을 의미한다. 그리고 이 모든 것을 하게 되면 이민자들은 미국인들의 국가적 의식을 갖게 될 것”이라고 말했다. 미국화의 또 다른 옹호자들은 거기에다가 미국 국적의 취득, 외국적인 충성심의 포기, 이중적인 충성심과 이중적인 국가성의 거부 등을 추가했다.

이민자들을 미국화해야 한다는 인식은 그것의 달성을 위한 사회적 운동들을 탄생시켰다. 이것은 지역·주·연방 정부들과 민간단체들, 그리고 기업들의 다양하고 중첩되며 때로는 상충되는 노력들을 불러일으켰으며, 그중에서도 특히 공립학교가 미국화의 중심적인 역할을 수행했다.

1914년 제1차 세계대전의 발발로 미국화 계획이 강제로 실시되었다. 루즈벨트Theodore Roosevelt와 윌슨Woodrow Wilson과 같이 이민 온 사람들에게 우호적인 대통령들조차도, 국가의 위기시에는 귀화한 외국계 미국인들이 새로 국적을 채택한 나라인 미국보다 그들의 모국에 더욱 충성하지 않을까 우려했다.

1915년 5월 10일 필라델피아에서 최근 귀화한 시민들에게 행한 연설에서 윌슨은 “만약 당신들이 스스로를 미국 국민이 아닌 인종 집단에 속해 있는 것으로 생각한다면 철저한 미국인이 될 수 없다. 미국은 인종 집단들로 이루어진 나라가 아니다. 그 자신을 미국에 있는 특별한 민족 집단에 속한 존재로 생각하는 사람은 아직까지 미국인이 되지 않은 것이다”라고 말했다. 2년 뒤인 1917년 9월 뉴욕에서 있은 연설에서 루즈벨트는 “우리는 이 나라에서 ‘50-50’의 충성심을 가질 수 없다.

우리는 미국인이든지 아니면 전혀 미국인이 아니든지 둘 중 하나다"라고 주장했다. 그는 또한 "우리 미국인들은 인종의 용광로의 아이들이다. 그 용광로가 거기에 던져진 사람들을 하나의 국민적 틀에 맞추어 미국인으로 만들어내지 못한다면 실패한 것이다"라고 말했다.

## 미국의 신조 vs 인종차별

제1차 세계대전 이후의 시기에는 유럽에 대한 대중의 환멸, 주로 외국인을 향한 적색 공포(Red Scare), 반 가톨릭적인 KKK의 대두, 1924년 이민법에서 현실화된 미국인들의 인종적 구성비를 동결시키려는 운동 등이 나타났다. 이와 같이 1920년대는 외국인을 혐오하는 편협한 국가주의 시대였다.

뒤이은 1930년대는 대공황과 전체주의의 대두로 인한 국제적인 위기의 시대로, 이 시기에는 모든 미국인들이 같은 배를 탄 공동 운명체로서 단결해야 한다는 감정이 강화되었다. 특히, 대공황과 제2차 세계대전으로 국가적인 결속력이 절실히 요구되었다. 루즈벨트Franklin D. Roosevelt 대통령은 1943년 2월 "이 나라를 세우고 또한 항상 통치해온 원리인 아메리카니즘은 결코 인종과 조상의 문제가 아니다. 좋은 미국인은 이 나라 및 자유와 민주주의라는 우리의 신조에 충성하는 사람들이다"라고 말했다.

1944년 미르달은 모든 미국인들이 '미국의 신조'를 함께 소유하고 있다고 말했다. 그러나 다른 한편으로, 그는 백인들이 흑인에 가하는 인종 차별은 미국인들이 그 신조에 따라 살지 못하는 가장 현저한 실패작이라고 지적했다.

그동안 백인 미국인들은 많은 고상한 이상들이 마치 모든 미국인들을 위해 존재하는 것처럼 공언하였다. 하지만 실제로 그 이상들은 오로지 백인에게만 적용되었다. 크레브꾀르 이래 미국의 국민적 정체성에 관한 대부분의 해석들은 오직 백인들만을 위한 것이었다.

토크빌은 이미 1830년대에 인종 차별주의를 미국의 민주주의를 가로막는 치명적인 결함으로 생각했다. 그는 "지구상에서 가장 매력적인 이 국가에서 인디언들은 절멸되도록 운명지어졌고, 흑인들의 존재는 미국 연방의 미래를 위협하는 최대의 문제"라고 주장했다. 그는 인종 차별주의의 배타성이 미국의 국가적 성격 속에 깊이 뿌리박혀 있다고 생각했다.

역사는 토크빌의 판단이 옳았음을 실증해보였다. 그럼에도 불구하고, 미국의 제도와 사상들이 여러 인종을 미국인으로 용해시키는 힘은 자유를 억압받고 권리 행사에서 배제되었던 사람들 사이에서 위력을 지니고 있었다. 미르달의 미국인 연구의 협력자였던 번치Ralph Bunch는 길거리의 모든 사람들, 즉 백인뿐만 아니라 흑인·인디언·황인종 모두가 미국을 '자유인의 나라', '자유의 요람'으로 여기고 있다고 말했다. 미르달은 '미국의 신조'는 백인보다는 흑인들에게 의미하는 바가 훨씬 크다고 생각했는데, 그 이유는 그것이 그들이 성취하지 못한 권리를 주장하는 커다란 수단이 되고 있기 때문이라고 주장했다.

## 소수 인종들의 반란

제2차 세계대전은 '미국의 신조'의 실현에 새로운 자극제가 되었다. 예컨대, 히틀러의 인종주의는 미국인들로 하여금 그들 자신의 인종 문제 내지 인종 의식을 일깨웠다. 전쟁이 미국의 인종 차별주의를 종식시킬 수는 없었지만, 그것은 미국인들이 자신들의 인종적 편협성에 의문을 제기하는 계기로 작용했다. 인종 문제의 제기는 앵글로-색슨계와 같은 다수 인종계 미국인들의 양심을 건드렸으며 소수 인종들의 자각을 일깨웠다.

그리하여 전후 '미국의 신조'에 의해 대담해진 흑인들은 고용의 기회 균등을 주장했고 군대에서의 인종 격리에 반대했으며, 그 밖의 많은 '전선'에서 조직적으로 싸웠다. 그리고 오랫동안 지연되어왔던 이른바 '민권 혁명(civil rights revolution)'으로 흑인들의 자립과 자존이 가속화되었다. 인디언들도 오랫동안 백인들에게 유린되어온 그들의 권리와 토지를 되찾으려는 움직임을 보이게 되었다. 심지어 인디언 지도자들은 그들이 자랑스럽게 여겨왔던 역사적 명칭인 '인디언'이라는 이름을 거부하고 스스로를 '토착 아메리카인(Native Americans)'으로 불렀다.

한마디로, 소수 인종들은 그들의 인종적 자긍심을 주장하고 그동안 유보되었던 그들의 권리를 요구했다. 그리고 이민법의 개정으로 라틴 아메리카와 아시아에서 오는 이주자들의 숫자가 격증하면서, 이들은 일반적인 예를 따라 그들 자신의 권리를 주장했다.

흑인들의 민권 혁명은 남부 및 동부 유럽 출신의 이주자들, 즉 이탈리아인·그리스인·폴란드인·체코인·슬로바키아인·헝가리인의 인종적 주체 의식을 자극했다. 그러한 인종적 주체 의식을 향한 열정은 미국 이민 역사의 위대한 선구자 한센 Marcus Lee Hansen의 이름을 딴 1965년의 '한센 법(Hansen's Law)'에 따른 대량 이민, 이른바 '제3세대'의 이민으로 더욱 강화되었다. 이러한 인종적 주체 의식은 "아들이 잊어버리기를 원하는 것을 손자는 기억하기를 원한다"는 말에서 잘 표현되었다.

## 인종 의식 예찬

'인종적(ethnic)'이라는 말은 오랜 역사를 가지고 있다. 그것은 원래 '이교적(heathen 혹은 pagan)'이라는 의미를 갖고 있었으나, 곧 인종이나 민족과 관련되는 것을 의미하게 되었다. 철학자 제임스가 그 말을 사용했을 시기에, 그것은 '외국적인 것(foreignness)'이라는 의미와 관련을 맺게 되었다. 그리고 1960년대 이후에, 그것은 흔히 '비영국계 소수 민족들(non-Anglo minorities)'에 관계된 것을 의미했다. 그 말, 그리고 명사형 단어인 'ethnicity'는 흔히 미국에서 '인종의 용광로'에 대한 찬

사보다는 인종적 특색을 강조하는 경우에 많이 사용되었다.

1960년대 들어 '동질적인 미국'이라는 개념에 도전하는 움직임이 강하게 일어났다. 이 운동의 주창자들은 미국이 공통의 문화·역사·신조를 공유하는 개인들의 국가적 공동체가 아니라 다양한 인종·민족·문화들로 이루어진 집합체이고, 이러한 집합체 속에서 개인들은 공통의 국가성이 아니라 자신들의 집단적 특성에 의해 규정되어야 한다고 주장했다. 그들은 20세기 초에 널리 퍼졌던 '용광로'와 '토마토 수프' 개념들을 비판하면서, 미국은 그런 것이 아닌 다양한 사람들의 '모자이크'라고 주장했다.

인종 의식 주창자들은 국가보다는 인종적·민족적·문화적 집단들의 지위와 영향력을 강화시키는 프로그램들을 추진했다. 이들은 이민자들이 출생 국가의 문화를 유지하도록 권장하고 '미국화' 개념을 비미국적인 것이라고 비난했다. 이들은 국가적 역사 대신에 인종·민족 집단들의 역사를 가르칠 것을 촉구하고 미국 사회에서 영어가 갖는 역할을 격하시키고 언어적 다양성을 추구했다. 이들은 또한 '미국의 신조'에 중심적인 개인적 권리 대신에 집단적 권리와 인종적 차이를 인정하는 법률 개정을 옹호했다.

이 인종적 주체 의식 운동에 정계, 학계, 언론계, 실업계, 그리고 전문가 집단의 상당수 엘리트들이 연대를 형성했다. 그러나 대부분의 대중은 그러한 노력과 움직임에 동참하지 않았다. 인종적 분노가 극심했던 1970년대 중엽에 미르달은 "역사적으로 인종적 주체 의식의 갈망은 대중적인 움직임이 아니다. 그것은 소수의 제3세대 이민의 지식인·교수·작가들에 의해 제기되었다”고 말했다. 그는 인종 의식 예찬의 움직임이 “상류층 지식인들의 낭만주의”에 불과하다고 주장했다. 많은 여론조사들과 몇 차례의 주민투표에서 대부분의 미국인들은 국가적 정체성을 약화시키고 인종적·민족적 정체성을 강화시키는 조치들에 반대표를 던졌다. 심지어, 그런 조치들로 득을 볼 것으로 기대되는 소수 민족 집단들의 다수파도 반대표를 던졌다. 전체적으로 미국인들은 그들 스스로를 미국인으로 생각하고 있었고, 그들 자신의 국가적인 문화·신조·정체성에 헌신했다. 그 결과, 상당수 엘리트들과 대다수 일반 국민들간에 미국의 국가적 정체성을 놓고 큰 괴리가 생겼다.

그렇지만 이들 인종적 정체성의 주창자들의 견해는 어느 정도 호소력을 가지고 있었다. 특히, 인종적 독자성에 자신의 이해관계를 갖고 있는 사람들, 예컨대 자신의 인종 집단을 정치적 성공의 토대로 삼으려는 사람들은 인종적 동화의 이상을 거부했다. 그들은 ‘인종의 용광로’ 개념은 인종적 자부심을 훼손하는 것이며 해악이 되고 있다고 주장했다. 그들은 ‘용해되지 않는 인종’ 개념을 내세웠다. 1974년 ‘인종의 용광로’ 개념을 가리켜 미국 사회를 동질화하려는 음모라고 비난하는 인종주의자들의 증언이 있은 후, 미국 의회는 인종적 유산 연구 계획법(Ethnic Heritage Studies Program Act)을 통과시켰다. 그러나 이 법에 대한 대중적인 지지는 없었다. 이 법은 사실상 잠을 자다가 1981년 그 효력이 만료되었다.

인종 의식의 대두는 앵글로-프로테스탄트 문화에 대해 저항하는 데서 비롯되어 숭배의 경지에까지 이르게 되었다. 그것은 미국이 '하나의 국민(one people)과 공통의 문화를 가진 단일 국가'라는 고유한 이론에 반대하는 일종의 '반혁명'의 성격을 지니고 있었다.

이렇게 볼 때 '미국인'의 문제에 관해 반드시 지적되어야 할 매우 중요한 점은 미국인들에게 있어 '미국적 동질성(American identity)'과 이른바 미국의 '다문화주의(multiculturalism)' 중 어느 것이 더욱 강한가 하는 것이다.

# 미국적 동질성과 '다문화주의'

일반적으로 서로 다른 언어를 사용하고 다른 종교를 신봉하는 상이한 인종적·민족적 기원을 가진 사람들이 지리적으로 같은 장소에 정착하여 동일한 정치적 주권하에서 생활할 때 어떤 일이 일어날 것인지를 상상하기란 그렇게 어렵지 않다. 아마도 이 경우 그들을 하나의 국민으로 결속시켜 주는 공통의 목적, 다시 말해서 국민적 동질성이 존재하지 않는다면 이른바 '부족적(tribal)' 적대 행위가 그들을 완전히 갈라놓게 될 것이다. 이러한 사실은 역사적으로, 특히 오늘날 다인종·다민족 국가들에서 여실히 증명되고 있다. 가장 전형적인 예가 구 유고슬라비아 공화국이다.

오늘날 세계 곳곳에서는 인종적·민족적 대립과 갈등이 이

데올로기의 대립을 대신하여 가장 폭발적인 문제가 되어 있다. 인종 혹은 민족 문제로 국가 자체가 분열의 위기를 맞았거나 맞고 있는 경우로는 구 소련, 구 유고슬라비아, 인도, 남아프리카 공화국, 구 체코슬로바키아 등이 있다. 그리고 인종 문제로 인한 긴장이 국가적 혼란을 야기하고 있는 경우로는 스리랑카, 미얀마, 에티오피아, 인도네시아, 이라크, 레바논, 이스라엘, 키프로스, 소말리아, 나이지리아, 라이베리아, 앙골라, 수단, 자이르, 가이아나, 트리니다드 토바고 등 그 이름을 다 열거하기가 힘들다. 심지어 영국, 프랑스, 벨기에, 스페인처럼 비교적 안정되고 개명된 국가들조차도 인종적·민족적 분규에 직면해 있다. 이러한 현상은 퀘벡Quebec주의 분리 독립 운동으로 골머리를 앓고 있는 캐나다의 경우도 예외가 아니다.

## 미국적 동질성을 이끈 힘

이렇게 세계의 다인종 국가들이 대체로 국가 분열의 문제를 안고 있는 것과 달리, 거대한 다인종·다민족 국가인 미국은 그동안 국가적 통일을 잘 유지해왔다. 대처Margaret H. Thatcher 전 영국 총리는 미국의 국민적 통일성 확립의 성공에 대해서 "어떤 다른 나라도 다양한 인종과 민족의 사람들을 하나의 문화 속에 그렇게 성공적으로 결합시킨 나라는 없었다"라고 평가했다.

미국이 이처럼 국가적 통일성 확립에 성공할 수 있었던 이유는 인종적으로 다양한 사람들에게 그들 스스로를 같은 국가의 한 부분으로 여기게 하는 강력한 명분 내지 목적을 제공해주었기 때문이었다. 미국인들은 자신들의 국가를 하나로 묶는 결합적 요소들, 즉 공통의 이상, 공통의 정치 제도, 공통의 언어, 공통의 미국적 문화, 공통의 운명이 존재한다고 믿었다.

미국이 지난 2세기 이상 동안 공통의 인종적·민족적 기원이 없는 가운데 자국민들을 '미국인'이라는 하나의 국민으로 결속시킬 수 있었던 것은 무엇보다도 미국이 처음부터 다인종 국가였다는 데 있었다. 다시 말해서, 미국은 처음부터 다인종·다민족 사회가 갖는 본질적인 취약성에 노출되어 있었지만 그러한 문제점에 대한 해결책을 갖고 있었고, 그것은 바로 완전히 새로운 국민적 동질성 내지 정체성의 창조였다. 한 이민 문제 전문가는 "역사상 어떤 국가도 인종적 다양성을 다루는 데 있어서 미국만큼 성공을 거둔 나라는 없었다. 이전의 어떤 나라도 인종적 다양성 그 자체를 국민적 동질성과 통합의 원천으로 만든 경우가 없었다"라고 말했다.

이러한 미국인으로서의 동질성은 이전의 인종적 다양성을 녹여버린 미국인 개개인에 의하여 이루어졌다. 신대륙에서 새로운 삶을 개척하려 했던 이주자들은 그들의 기존의 '뿌리'를 절단해버리고 희망에 찬 새로운 미래를 건설하기를 원했다. 새로운 '미국인'이 되기를 기대했던 그들의 목표는 탈출과 해방과 동화였다. 그들은 미국을 계속적으로 변화하고 있는 나라로 보았고, 어둡고 무서운 기억들을 잊어버리고 공통의 정치적 이상들과 공유된 경험에 바탕을 둔 독특한 미국적인 성격을 발전시켰다. 그리하여 미국 혹은 미국인들에게 있어서 핵심적인 과제는 옛 문화들을 보존하는 것이 아니라, 새로운 '미국적' 문화를 만들어내는 것이었다.

같은 신대륙에 형성된 국가로서 캐나다가 국가적 분열에 취약하게 된 원인은 미국과 같은 독특한 국민적 동질성이 결여되어 있기 때문이다. 공식적인 다문화주의 정책으로 인해 영국과 프랑스와 미국에게 다양하게 이끌린 캐나다인들은 하나의 국민으로서의 강한 동질성을 발전시키지 못했다. 캐나다 초대 총리였던 맥도널드John MacDonald 경은 "캐나다는 너무나 넓은 땅과 너무나 적은 역사를 갖고 있다"고 말했다.

반면에, 미국은 인종적·종교적으로 매우 다양한 사람들을 하나의 국민으로 묶는 일, 즉 국민적 동질성을 이루는 데 있어서 많은 역사적 경험들을 갖고 있다. 미국인들에게 인종적 다양성을 국민적 통일성으로 바꾸는 메커니즘은 '미국의 신조'였다. 독립혁명 이래로 미국인들은 강력한 국민적 신조를 가져왔는데, 공통의 인종적 기원이 없는 미국인들을 하나의 국민으로 결속시켰던 것은 민주주의의 이상과 인권에 대한 공통적인 헌신이었다. 물론, 실제적으로 그러한 헌신은 인종 차별주의 등으로 인해 심하게 훼손되었다.

일반적으로 미국에서 민주주의의 원리들은 국민적 일치를 위한 철학적 접착제가 되었고, 시민의 공공생활 참여의 실제적인 경험을 가능하게 해주었다. 미국인들의 국민적 동질성을 가능하게 했던 '미국의 신조'는 불가침의 인종적 공동체에 바탕을 둔 국가가 아니라, 스스로 운명을 선택·결정하고 스스로에게 책임을 지는 개인들로 이루어지는 나라를 그리고 있었다. 특히, 미국의 헌법은 집단의 권리보다는 개인의 권리를 우선시하고 있다.

국민적 동질성을 향한 미국인들의 의지로 말미암아 미국은 수많은 인종과 민족들을 하나의 국민으로 바꾸는 데 비교적 성공을 거두어 정치적으로 통일성을 지닌 하나의 다인종 사회를 형성하게 되었다. 그런데 이러한 미국인들의 국민적 동질성은 결코 고정되거나 최종적인 것은 아니었다. 그것은 계속적인 변화를 특징으로 하였다. 하지만 그와 같은 변화로 인해 미국 사회 전체의 국민적 통합 내지 동질성이 무너진 것은 아니었다.

## 다양한 문화의 수혈

역사적·문화적으로 미국은 앵글로-색슨적인 토대에 기초를 두고 있다. 그러나 출발부터 다른 대륙의 영향을 받게 된 앵글로-색슨적인 토대는 그러한 수혈로 말미암아 수정되거나 재구성되면서 더욱 풍부해졌다. 인종적인 '수혈'은 미국 생활의 모든 면, 즉 정치·문학·음악·회화·영화·요리·습관·꿈 등에 크게 영향을 미쳤다.

이렇게 다양한 인종적·문화적 전통들의 상호 작용에 의해 오늘날의 미국이 만들어졌다. 역설적이지만, 미국은 다양한 문화라는 '공통의' 문화를 갖고 있다. 이러한 현상이야말로 미국의 통일적인 정치적 이상들이 다양한 사회적·문화적 가치들과 쉽게 공존하는 이유가 되고 있다. 미국인들은 포괄적이고 일반적인 정치 제도 및 가치들의 범위 내에서 인종적이든 다른 것에서든 그들이 선택하는 대로 자유로이 살고 있다.

미국인들이 지녀왔던 민주주의의 신념은 이탈과 반대를 용납하지 않고 국기에 대한 경례와 충성의 맹세와 가슴에 손을 없는 것을 강요하는, 그렇게 무감각하거나 강제적이거나 최종적인 것은 아니었다. 미국의 민주주의는 사람들로 하여금 이단의 권리와 자기주장의 기회를 누리도록 하는 것이었다. '미국의 신조'는 미국인들이 민주주의의 원리와 실천간의 간격을 좁히는 수단이었다. 그것은 또한 민주주의의 실천을 통하여 모든 미국인들을 하나로 묶는 접착제의 역할을 했다.

미국의 역사도 미국인들에게 국민적 동질성을 느끼도록 작용했다. 미국인들은 자국의 국가적 가치들이 자신들을 위한 것이라고 생각했으며, 따라서 그 국가적 가치들에 의해서 살거나 그것들을 위해 죽을 수 있다고 생각했다. 그들은 자국의 역사가 자신들에게 귀중한 국가적 가치들을 제공해주었다고 믿고 있다. 미국인들은 그 가치들이 미국의 국가적 경험을 통해서, 미국의 중요한 국가 문서들(예컨대, 헌법)의 실천을 통해서, 미국의 국민적 영웅들의 활약에 의해서, 미국의 관습들과 전통들과 규범들의 창조·보존을 통해서 이루어져 왔다고 생각하고 있다.

물론, 미국이 국민적 동질성을 확립하는 데 완전히 성공을 거둔 것은 아니었다. 사실, 미국에서는 오랫동안 영국계 미국인들이 미국의 문화와 정치를 지배했고, '인종의 용광로'는 모든 사람들, 심지어 백인 이주자들조차도 모두 용해시키지 못했다. 특히, 뿌리 깊이 박힌 인종 차별주의로 인하여 홍인종계의 미국인들(Redskins; 인디언들), 흑인들, 황인종들, 갈색 인종들은 실제적으로 미국 사회의 국외자였다. 이렇게 인종 차별주의는 미국의 성공적인 다인종 사회 형성에 최대의 장애가되어 왔다.

그러나 학대받아 온 이들 비백인계 미국인들조차도 실제로미국인들의 국민적 동질성 형성에 이바지했다. 그들은 비록 '3등 시민'이었지만, 미국 사회의 한 구성원으로서 미국적인 공통의 문화에 새로운 형태와 내용을 제공하는 데 기여했다. 비영국계 사람들의 유입과 그들의 신세계에서의 경험으로 인해, 미국 사회가 본질적으로 가졌던 영국적 유산이 점차적으로 변형되어 오늘날 미국은 국가 성격상 영국과는 매우 다른 나라가 되었다.

## 다수 사람들의 언어에서 정부의 공식 언어로

역사적으로 언어는 모든 국가나 사회 공동체의 바탕이었다. 인종이나 종교가 다른 사람들은 흔히 서로 싸우지만, 그들이 사용하는 언어가 같다면 여전히 서로에게 얘기할 수 있고 서로의 글을 읽을 수 있다. 국가는 다른 사람들보다 서로에게 더 깊고 넓은 의사소통을 하는 사람들의 집단이다. 한 국가에서 공통의 언어가 없을 때는 의사소통이 어려워지고, 국가는 둘 이상의 언어를 갖는 공동체들이 기본적으로 자신들끼리만 의사소통을 하는 '경기장'이 되고 만다. 거의 모두가 같은 언어로 얘기하는 프랑스·독일·일본 같은 나라들은 둘 이상의 언어적 공동체가 있는 스위스·벨기에·캐나다 같은 나라들과 상당히 다르다. 후자의 나라들에서는 '이혼'이 늘 가능한 일이 되고 있고, 역사적으로 이런 나라들은 보다 강력한 이웃들에 대한 두려움 때문에 함께 살아온 경우가 많다.

역사적으로 영어는 언제나 미국의 국가적 정체성에서 중심에 위치해 있었다. 처음에 미국 땅에 정착하여 미국을 건국한 영국인들은 그들의 언어인 영어를 각급 정부관서의 공용어로 사용했다. 그러나 유럽 대륙으로부터 이주해온 사람들은 일상생활에서 원래의 모국어를 사용했다. 이들 초기의 비영국계 개척 이민자 집단들은 모국어의 사용을 유지하려 애썼지만, 영어는 언제나 2세대와 3세대에서는 승리를 거두었다. 하지만 이러한 여러 언어의 존재는 정부의 공용어로서의 영어의 통용에 막대한 지장을 주었다. 그리하여 새 이민자들에게 영어를 가르치는 것은 미국의 정부·기업·교회·사회복지 조직들의 중심적인 관심사였다.

영국계 주민들과 주요 지방 정부들은 유럽 대륙 출신 이민자들이 각기 자신의 모국어 사용을 계속할 경우 미국이 몇 개의 언어권으로 분열될 수 있다고 우려하여, 이들에게 영어 사용을 강제하기 위한 각종 법과 규정들을 제정했다. 특히, 2세 교육을 영어로 시키려는 움직임이 강하게 일어났다. 위스콘신 주가 그 대표적인 예였다.

19세기 중엽에 위스콘신 주 주민의 1/3 이상이 비영어권 출신으로 이들은 모두 모국어를 사용하고 있었고, 노르웨이·폴란드·네덜란드·스위스·독일계 주민들은 따로 학교를 설립하여 2세 교육을 각기 모국어로 시행하고 있었다. 이에 주 정부는 특정 과목에 한해서는 영어로 교육해야 한다는 방침을 세웠고, 그 뒤 1889년 '베네트 법(Bennett Law)'을 제정하여 모든 과목을 영어로 교육하게 하였다.

이러한 영어 교육 노력에도 불구하고 미국에서는 다른 언어가 영어를 대신하려는 끊임없는 노력이 존재하였다. 그 대표적인 예가 이른바 '뮐렌버그 전설(Muhlenberg legend)'이다. 이것은 1794년 버지니아의 독일 출신 이민자들의 노력에 의해 3,000여 개의 연방 법률들을 영어뿐만 아니라 독일어로 반포하자는 법안이 연방 하원에 제안되어 찬성 41표, 반대 42표라는 단 한 표 차이로 아슬아슬하게 부결된 사건이다. 이때 이 법안이 부결되지 않았으면 독일어가 미국의 공용어의 하나가 될 수 있었다. 독일어가 미국의 공용어로 영어를 거의 대체할 뻔했다는 신화를 낳은 이 사건은 훗날 로스Colin Ross 같은 나치의 선전자들이 신봉하기도 했다.

　　최근까지 미국인들은 한 번도 진정한 국민 언어를 갖지 못
했고, 언어 통일을 위한 노력 또한 성공을 거두지 못했다. 미
국의 헌법에 자국어의 선택에 관한 아무런 규정이 없었기 때
문에, 영어가 미국의 언어로 자리 잡은 이유는 정부가 정책적
으로 영어 사용을 유도했다기보다는 영어가 적자생존의 원리
에 의해 살아남았기 때문이었다. 사실, 그동안 영어는 대다수
미국인들에게 의사소통을 위한 실리적인 도구에 불과했다. 다
시 말해서, 미국인들은 영어에 대한 사랑을 보여주지 않았고,
프랑스인들이 보여주는 프랑스어에 대한 애착심을 미국인들
에게서는 발견할 수 없었다.

　　20세기 후반에 와서 서서히 영어에 대한 인식이 달라지기
시작했다. 1981년에는 캘리포니아 주 출신 연방 상원의원 하
야카와Samuel Hayakawa가 영어를 미국의 공식 언어로 선언하는
헌법 수정안을 제출했다. 2년 후인 1983년 그는 다른 사람들
과 함께 그런 목표를 추구하기 위한 단체인 '미국 영어(U.S.
English)'를 조직했다. 그리고 1986년에는 '영어 우선(English
First)'이라는 또 다른 단체가 탄생했다. 이들 단체를 주축으로
미국의 주 내지 연방 정부 차원에서 영어를 공식 언어로 채택
하도록 하는 운동이 일어났다. 물론, 이 운동은 히스패닉계를
비롯한 소수파 언어 집단들과 진보적 및 민권 단체들의 격렬
한 반대에 부딪혔다. 하지만 그런 운동의 노력에 의해 버지니
아 주는 1996년 4월 10일 영어를 버지니아 주의 공식 언어로
선언했고, 뒤이어 다른 주들도 영어를 그 주의 공식 언어로 채

택하였다. 그리고 마침내 1996년 6월 30일, 연방 하원은 영어를 연방 정부의 공식 언어로 채택하는 법안을 통과시켰다. 이리하여 영어는 독립 이래 온갖 우여곡절을 겪은 끝에 마침내 다수의 미국인이 사용하는 언어의 지위를 벗어나 미국의 공식 언어가 되었다.

# 아메리카니즘에 대한 도전

미국인들을 하나의 국민으로 용해시킨다는 생각은 대부분의 미국 역사 이래 지속되어온 사고였으나, 최근 들어 새롭고 반대되는 것이 나타났다. 상당수의 미국인들은 '하나의 새로운 인종(a new race of man)'이라는 건국 이래의 역사적 목표를 거부하고 있다. 인종적 기원으로부터의 탈출이 뿌리 찾기에 밀리고 있는 것이다. 인종주의 숭배는 비영국계 백인들과 비백인계 소수 인종들 사이에서 대두하여 '인종의 용광로' 사상과 '하나의 국민' 개념을 비판하고, 분리된 개별적인 인종·민족 공동체를 보호·증진·영속화하고자 했다. '인종의 용광로' 개념에 반대하는 인종주의의 '반란'은 적어도 수사적으로는 공통의 문화와 동질적인 사회를 부인하는 지점에까지 이르렀다.

## 다문화주의의 도전

　미국적인 동질성에 대한 다문화주의의 도전은 영국 이외의 유럽계 미국인들이 미국 문화의 영국적 기반에 대해 비판을 가하면서 처음 나타났다. 그리고 후에 비유럽계 미국인들이 미국 문화의 유럽적 토대에 대해 비판을 가하면서 대규모로 확대되었다.

　미국으로 이민 온 유럽인들은 그들 상호간에 적대감을 갖고 있어서 사실상 '단문화적인(monocultural)' 사람들이 아니었다. 그러므로 미국이 이렇게 다원적이고 상호 적대적인 유럽인들을 받아들여 하나의 단일적인 사회를 만들어낸다는 것은 대단히 어려운 일이었다. 이러한 상황에서, 비유럽적인 비백인계 사람들의 새로운 출현은 동질적인 미국 사회의 형성을 더욱 힘들게 했다.

　1970년대에 미국의 동질성에 도전하는 다문화주의 운동이 일어났다. 이것은 1980년대와 1990년대 초반에 엄청난 성공을 거두었다가 1990년대 후반 들어 반대 운동에 직면하게 되었다. 다문화주의 운동의 성공 여부는 아직 확실치 않다.

　다문화주의자들은 몇 개의 기본 명제들을 확립했다. 첫째, 미국은 다양한 인종적·민족적 집단들로 구성되어 있다. 둘째, 이 각각의 집단들은 나름대로의 독특한 문화를 갖고 있다. 셋째, 미국 사회의 지배적인 엘리트 집단(WASP를 의미)은 이런 문화들을 억압했고 다른 인종적·민족적 집단에 속하는 사람

들이 그들의 앵글로-프로테스탄트 문화를 받아들이도록 강요
하거나 유도했다. 넷째, 정의와 평등 그리고 소수파의 권리는
이렇게 억압당한 문화들이 해방될 것과 민간단체들이 그것들
의 부활을 권장하고 지원할 것을 요구한다. 한마디로, 그들은
미국이 하나의 보편적인 국가적 문화를 갖는 동질적인 사회가
아니고 그렇게 되어서도 안 된다고 주장했다.

　다문화주의자들에는 많은 지식인, 학자, 교육자들이 포함되
어 있었다. 그래서 이들은 초·중등학교와 대학들의 교육에 영
향을 주었다. 그리고 그 영향은 엄청났다. 역사적으로 공립학
교들은 이민자들의 자녀들이 미국의 사회와 문화에 동화되는
주요 통로의 역할을 했다. 그러나 다문화주의자들의 교육 목
표는 정반대되는 것이었다. 그들은 학생들에게 영어와 미국의
공통된 문화를 중요하게 가르치는 게 아니라, 다양한 인종적·
민족적 문화들을 강조하는 것을 목표로 하였다.

　다문화주의자들의 노력에 의해 국가적 및 애국적 내용들이
학교의 교재들에서 현저하게 줄어들고 그 대신 인종적 및 민
족적 집단들이 크게 강조되었다. 특히 대학에서 그러한 경향
이 강했다. 예컨대, 스탠포드 대학교에서 서구 문명에 관한 필
수과목은 소수파, 제3세계 사람들, 여성들에 관한 과목들로 대
체되었다. 뒤를 이어, 미국의 소수파들에 관한 필수과목이 UC
버클리, 미네소타 대학교, 헌터 대학교 등에서 채택되었다. 최
근까지 미국의 50대 대학교들 가운데 미국 역사를 필수과목으
로 선정한 곳은 한 곳도 없었다.

이렇게 미국과 서구 문명의 역사가 무시되는 상황에서 미국의 대학생들은 미국의 역사에 대해 아는 것이 거의 없었다. 예컨대, 1990년대의 어떤 조사에 의하면, 아이비리그 대학생들의 90%가 로사 팍스Rosa Parks(1955년 마르틴 루터 킹 목사의 버스 승차 거부 운동을 촉발시킨 흑인 여성)를 알았지만, 오직 25%만이 "인민의, 인민에 의한, 인민을 위한 정부"를 누가 언급했는지를 알고 있었다.

이러한 다문화주의자들의 노력은 1990년대 후반 들어 반反 다문화주의 운동을 불러일으켰다. 초·중등학교와 대학교의 교육과정에 대한 다문화주의적인 변화에 대한 반대가 늘어났고, 몇몇 경우에는 성공을 거두었으며, 관련 단체들이 만들어져 미국 및 서구 역사의 무시에 맞서 싸웠다. 시간이 지나면서 정치 지도자들이 반응을 보여, 2000년 연방 의회는 만장일치로 교육 당국이 미국 역사의 문맹을 고치도록 촉구하는 결의안을 통과시켰다. 2001년에는 미국 역사 교육의 개선을 위해 수천만 달러가 교육부의 예산에 추가되었다. 다문화주의자들의 '혁명'에 반대하는 노력이 거세지면서 미국 사회의 동질성 여부를 둘러싼 '전투'는 다문화주의자들과 그 반대 세력들 간에 계속 전개될 것이다.

## 따로 놀기, 인종주의의 예찬

1970년대의 다문화주의의 등장은 우연히도 어느 정도 비슷한 견해를 가진 인종적 주체 의식의 출현과 때를 같이했다. 그리하여 인종 의식의 예찬이 더욱 힘을 얻게 되었다.

인종주의의 예찬은 특히 아프리카계 미국인(흑인)들 사이에서 가장 강하게 나타났다. 많은 흑인들은 인종주의 내지 인종 의식의 강조를 제외한 다른 것들은 백인들이 설정한 사회적 기준들에 대한 완전한 굴복을 의미한다고 생각했다. 그들은 인종적·문화적 긍지의 확인을 미국 사회가 진정으로 통합하는 데 필수적인 요소로 여겼다. 그리하여 아프리카의 흑인들이 처음 미국에 들어온 지 400년이 다 되어가면서, 이들에게서 이른바 '흑인 정체성(self-Africanization)'의 확인이 강하게 나타났다. 흑인들의 민권 운동이 처음 일어난 1950년대와 그 뒤의 1960년대에는 흑·백 인종간의 통합을 주장했던 흑인들이 이제는 거꾸로 흑·백 분리로의 회귀를 요구하고 있다. 그들은 현재와 같은 인종적 통합은 자신들에게 열등감만을 가져올 뿐이므로, 인종적 분리야말로 그러한 열등감을 치료할 수 있는 유일한 처방전이라고 여기게 되었다.

교육 기관들 중에서 개개인을 가장 우호적이고 개방적이며 개명된 방식으로 결합시키는 곳이 대학이다. 그러나 최근 미국의 대학들에서는 많은 인종 조직의 '핵분열' 현상이 두드러져서, 특히 흑인 기숙사, 흑인 학생회, 흑인 남녀 학생 클럽, 흑인 동성애 집단, 식당에서의 흑인 식탁 등이 나타났다. 그리하여 "오늘날의 미국 대학들은 베이루트의 문화적 다양성을 갖고 있다. 개별적으로 분리된 무장 진영들이 있는가 하면, 흑인 학생들은 백인 학생들과 잘 어울리지 않는다. 아시아인들은 그들만 따로 떨어져 있다. 다른 인종들에 대한 억압은 자신의 인종적 정체성을 과시하는 하나의 중요한 상징이 되고 있다"는 말이 나왔다.

오벌린Oberlin 대학은 지난 한 세기 반 동안 인종적으로 잘 통합된 대학의 모델이 되어왔다. 그러나 오늘날 오벌린 대학의 학생들은 모두 인종별로 따로 생각하고 따로 행동하고 따로 공부하고 있으며, 이러한 현상은 결과적으로 인종적으로 분리된 세계를 만들어내고 있다.

어떤 소수 인종 집단이 새롭고 두려운 상황에 직면하게 되면 자연스럽게 한데 뭉치는 대안을 선택하게 된다. 그러나 제도화된 분리주의는 인종적 이견과 차이들을 강화하고 인종간의 갈등을 증폭시키게 된다. 한 흑인 학생은 "우리가 하는 행동은 흑백 논리에 따라 분류된다. 단지 흑인의 행동에 참여하지 않았다는 이유 하나만으로 흑인 학생들에게 왕따가 된다"라고 말했다. 그리고 한 흑인 인류학자는 흑인 학생들의 성적이 좋지 않은 큰 이유 중의 하나는, 학문적 성공이 백인 세계로 들어가 흑인들을 배신하는 것으로 여겨질 것이라는 두려움 때문이라고 분석했다. 그는 "흑인 공동체의 일부에서 나타나고 있는 현상의 하나로 학교에서 공부하고 학문을 탐구하는 것을 '백인 시늉을 내는 것'으로 정의하는 문화적 경향이 있다"고 지적했다.

## 현대의 바벨탑 쌓기, 2개 언어 상용주의

인종적 분리주의의 충동은 흑인 공동체에만 국한되어 있는 것은 아니었다. 그것이 다른 양상으로 나타난 것이 이른바 '2개 언어 상용(bilingualism)' 운동이다. 이것은 외관상 모든 비영어 사용 인종·민족들의 이해관계에 따라 행해졌지만, 특히 히스패닉계에 의해 주도적으로 행해졌다. 2개 언어 상용 운동은 미국 역사에서 전혀 새로운 것이 아니다. 1794년 3,000여 개의 연방 법률들을 영어뿐만 아니라 독일어로 반포하자는 법안이 연방 하원에서 한 표 차로 부결된 사건이 좋은 예이다. 그리고 19세기에는 미국에 새로 이주한 사람들이 그들 고유의 언어 사용에 한계를 느낄 때까지 집과 교회, 신문과 2개 국어 상용 학교에서 그들의 언어를 사용했다.

1960년대 이후 인종주의 예찬과 스페인어 사용 국가들로부터의 이민의 홍수가 결합되어 2개 언어 상용 운동이 크게 자극을 받았다. 그 운동의 목적은 영어를 사용하지 않는 아이들을 가능한 한 빨리 2개 언어 상용 학급에서 영어만을 사용하는 학급으로 옮기려는 잠정적인 것이었다.

2개 언어 상용주의 운동은 1968년 '이중 언어 교육법(Bilingual Education Act)'이 제정되면서 실행에 옮겨졌다. 텍사스의 가난한 히스패닉계 미국인들을 도우려는 텍사스 출신 연방 상원의원 야보로Ralph Yarbourgh의 제안으로 이루어진 이 법에 의해 초·중등학교 교육이 영어가 아닌 다른 언어로도 이루어지게 되었고, 이를 위해 예산이 배정되었다. 이후 비영어 언어들의 교육은 빠르게 전국적으로 퍼져갔다.

1974년 '법 대 니콜스 사건(Law vs Nichols Case)'이라 불린, 샌프란시스코의 중국계 학생들이 관련된 재판에서 연방 대법원은 시민권법 제6조의 조항에 따라 학교는 비영어 사용 학생들에게 영어 사용 학생들과 같은 교육을 해서는 안 되고, 그런 학생들의 언어 부족을 보충하기 위해 치료적 조치가 취해져야 한다고 판시했다. 다시 말해서, 대법원은 비영어 사용 학생들에 대한 영어만으로의 강제 교육을 금지시켰다. 이 판결은 소수 민족 권익 보호 물결과 같은, 그 당시의 미국 사회의 시대적 흐름이 연방 정부 차원의 언어 정책에 반영된 것이었다.

그러나 2개 언어 상용 운동은 계획과 달리 성공적으로 이루어지지 않았다. 결과는 오히려 정반대였다. 여러 가지 지표들은 2개 언어 상용 교육이 히스패닉계 자녀들의 영어 사용 세계로의 진입을 가속화하기보다는 오히려 지체시키고, 인종간의 통합을 촉진하기보다는 오히려 격리를 촉진하고 있음을 보여주었다. 다시 말해서, 2개 언어 상용주의는 인종적인 문호를 폐쇄하는 역할을 했다. 한 히스패닉계 민권 운동 지도자는 2개 언어 상용주의는 "히스패닉계가 함께 모이도록 고무하고 인종간의 통합을 막고 있다"고 말하고, "부족한 자원을 두고 경쟁하는 가운데 다른 인종들, 예컨대 흑인들에 대한 증오심을 불러일으키고 나아가 히스패닉계를 보다 큰 미국 사회로부터 격리시키는 일종의 아파르트헤이트apartheid(인종 분리주의)

를 조장하고 있다”고 덧붙였다.

영어 이외의 어떤 다른 언어를 사용하는 것은 미국 사회에서 ‘2등 시민’을 만든다는 주장이 제기되기도 했다. 멕시코계 작가 로드리게스Richard Rodriguez는 “2개 언어 상용의 미국에서 잃을 것이 가장 많은 사람들은 바로 외국어를 말하는 가난한 사람들”이라고 말했다. 그는 자신의 소년 시절을 회상하며 “나는 선생님들이 나에게 스페인어로 말하는 것을 듣고 기뻤다. 그러나 그 바람에 나는 공적인 사회의 언어(영어)를 배우는 데 느렸다. 나는 자신이 미국인이라고 생각할 수 있게 되면서 더 이상 ‘그링고gringo’(라틴 아메리카인들이 미국인과 영국인들을 경멸적으로 부르는 말) 사회에 있는 외국인이 아니었고, 완전히 공적인 개체에 필요한 권리와 기회들을 추구할 수 있었다”고 말했다.

1970~1980년대에는 2중 언어 교육의 취지에 맞게 일정 기간(통상적으로 1~2년)에 한해 2중 언어 교육이 실시되었다. 그러나 대부분의 히스패닉계 학생들은 영어를 빨리 익혀 영어로 진행되는 정규 수업에 편입되려 하지 않고 오랜 기간 지속적으로 스페인어를 교육받을 것을 요구하였다. 1990년대에 들어 다문화주의에 편승한 이들의 요구는 자신들의 언어는 물론 문화적 특성까지 유지하려는 이중 문화주의로 변질되었다.

하나의 공통의 언어는 미국과 같이 다양한 이질적인 인종·민족들로 이루어진 나라에서는 국민적인 결속을 위한 중요한 접착제가 될 수 있다. 미국에서 2개 언어 상용 운동은 이른바

'2개 언어 제국'의 확대에 중요한 이해관계가 걸려 있는 교육 기득권층과 히스패닉계 유권자들의 유지에 큰 이해관계를 갖고 있는 정치적 압력 단체들을 만들어내었다. 그리하여 2개 언어 상용주의는 흑인 중심주의 및 인종주의 예찬과 마찬가지로 대중적인 운동이라기보다는, 그 운동에 특별한 이해관계가 걸려 있는 사람들 중심의 엘리트주의 운동으로 여겨지게 되었다. 미르달은 그것을 "낭만적인 인종주의(romantic ethnicity)"라고 불렀다. 제도화된 2개 언어 상용주의는 미국의 파편화·조각화의 또 다른 원천 내지 '하나의 국민(one people)'이라는 꿈에 대한 또 다른 위협이 되었다.

2개 언어 상용주의에 대한 비판이 커지면서, 1968년 제정된 '2중 언어 교육법'은 그것이 제정된 지 34년 만인 2002년 1월 8일 아주 조용히 폐지되어 역사의 뒤안길로 사라졌다. 그 법은 '영어습득법(English Language Acquisition Act)'으로 대체되었다. 진보적인 민주당 의원들도 그 법의 폐지에 반대하지 않았다. 그리고 이전에 연방 정부의 2중 언어 교육 프로그램을 강력히 추구했던 히스패닉계의 의원들 중 어느 누구도 그 법의 폐지에 반대하지 않았다. 이러한 사실은 2개 언어 상용주의가 완전히 실패했음을 보여주는 것이었다.

## 통합의 꿈에서 동화同化에 대한 경멸로

최근 미국에서는 '외국인의 껍질(foreign skin)'을 벗어 던

지기보다, 될 수 있으면 그것을 뚜렷하게 회복시키려는 경향이 나타나고 있다. 그리하여 "통합의 꿈과 함께 시작된 시대는 동화에 대한 경멸과 함께 끝났다"는 말이 나타나고 있다.

이러한 가운데, 대부분의 미국인들은 스스로를 우선 개인으로 여기고 있고 단지 부차적으로만 인종 집단의 일원으로 생각하고 있다. 많은 사람들은 미국인의 여러 인종 집단으로의 분열이 통제할 수 없는 사회적 균열 현상을 가져올 것이라고 우려하고 있다. 그들은 또한 여러 인종들이 그들이 속한 인종 집단에 대한 충성심을 가시적이고 웅변적으로 드러내는 것은 미국 사회를 하나로 묶는 국민적 동질성을 크게 위협하는 일이라고 믿고 있다. 일찍이 루즈벨트Theodore Roosevelt는 "미국을 파멸로 이끄는, 그리고 미국이 하나의 국가로 지속할 수 있는 모든 가능성을 막는 절대적으로 확실한 방법은 미국이 서로 다투는 여러 민족의 싸움터, 그리고 각기 개별적이고 분리된 민족성을 보존하고 있는 독일계 미국인, 아일랜드계 미국인, 영국계 미국인, 프랑스계 미국인, 스칸디나비아계 미국인, 이탈리아계 미국인 등의 복잡한 싸움터가 되게 하는 것"이라고 주장했다. 그런데 그가 이런 말을 한 지 90년이 되어가는 오늘날에는 더 많은 민족 혹은 인종들이 그러한 움직임에 가세하고 있다.

인종주의의 분출은 좋은 결과도 가져왔다. 무엇보다도, 영국계가 미국의 주류 문화를 지배하는 동안 종속적이고 경멸의 대상이 되었던 소수 인종들의 업적이 뒤늦게나마 미국 문화에서 인정·수용될 수 있었다. 또한 미국의 교육이 유럽적인 한계를 넘어 거대한 비유럽 세계의 존재와 중요성을 인식하게 되었다. 이것들은 인종주의 대두의 장점이었다.

그러나 극단적인 인종주의 숭배는 매우 심각한 결과를 가져왔다. 무엇보다도 인종주의의 분출은 전 세계 모든 국가에서 건너온 개개인을 하나의 새로운 인종으로 용해시키려는 국민적 동질성을 향한 움직임을 거부하고 있다. 인종주의의 근저에는 첫째, 미국은 결코 개인으로 이루어진 나라가 아니라 인종 집단으로 이루어진 나라이고, 둘째, 인종적 유대는 영속적이고 결코 지울 수 없는 것이며, 셋째, 인종적 공동체들로의 분할을 통해서 미국 사회의 근본적인 구조와 미국 역사의 근본적인 의미가 비로소 확립된다는 철학이 흐르고 있다.

이러한 철학 속에는 모든 미국인들을 인종적·종족적 기준에 따라 분류해야 한다는 생각이 함축되어 있다. 그러나 많은 미국인들은 미국 역사의 인종적 해석을 어느 정도 타당성은 갖고 있지만 오도되고 잘못된 것으로 보고 있다. 나아가, 그들은 미국 역사의 인종주의 해석을 미국이 하나의 국민으로 이루어진 나라로 보는 기존의 역사 해석을 뒤집는 것이라고 비판하고 있다.

오늘날 미국에서는 통합적인 미국의 동질성이라는 역사적 사고가 여러 영역들, 예컨대 정치적·자발적으로 구성된 조직·교회·언어 등에서 상당할 정도로 위기에 처해 있다. 그중에서도 국민적 동질성은 대학을 비롯한 교육 체제에서 가장 심각한 위협을 받고 있다.

인종적 갈등과 대립이 전 세계적으로 많은 다인종 국가들을 분열시키고 있는 가운데 미국 내에서도 미국을 독특하고 변하지 않는 인종적·민족적 공동체로 나누어야 하고, 이들 각 인종 공동체가 그 자신의 존재 내지 특성을 보존하도록 가르쳐야 한다는 주장이 제기되었다. 이에 대해, 다문화주의를 비판하는 사람들은 세계가 인종적·민족적 적대감에 의하여 소란스럽고 위태롭게 된 상황에서, 미국이야말로 인종적·문화적으로 고도로 이질화되어 있는 한 사회가 어떻게 스스로를 결속시키고 있는지를 보여주는 중요한 본보기가 되어야 한다고 말하고 있다.

최근 들어, 미국인들은 이전의 그 어느 때보다도 더욱 이질적이 되었다. 그러나 역설적으로 이러한 이질성은 미국인들로 하여금 '하나의 국민'으로 동질화되려는 이상과 미국적인 공통의 문화를 더욱 절실히 추구할 것을 요구하고 있다.

요컨대, 오늘날 미국 사회는 이전에 비해 인종적·문화적으로 더욱 이질화되고 있고, 이에 따라 각 인종의 독특한 정체성, 특히 문화적 정체성이 유지·확립되어야 한다는 인종주의의 각성 내지 '다문화주의'가 힘을 얻게 되었다. 그러한 가운데, 미국 사회에서는 '하나의 국민'으로서의 미국인들의 동질성 요구가 여전히 강하고, 따라서 '다문화주의'는 많은 비판을 받고 있다.

# 히스패닉계의 도전

2002년에 이르러 아프리카계 미국인(흑인)을 제치고 미국 최대의 비백인계 소수 민족이 된 히스패닉계는 미국 내 거주하는 라틴 아메리카 출신 사람들을 의미하고, '라티노Latino'라고도 불린다. 미국국세조사국(U.S. Bureau of the Census)은 히스패닉계를 "미국 내에 거주하고 있는 스페인어를 사용하는 사람"으로 정의하고 있다. 이들 히스패닉계는 언어·종교·문화 등에서 동질성을 갖고 있지만, 다른 한편으로는 멕시코·쿠바·푸에르토리코·엘살바도르 등 그들의 출신 국가에 따라 다양한 차이를 보이고 있다.

2004년 7월 기준으로 히스패닉계의 인구는 4,130만 명으로 미국 전체 인구 2억 9,360만 명(2006년 1월 현재 2억 9,790

만 명) 가운데 14.1%를 차지하면서, 3,750만 명으로 전체 인구에서 12.8%를 차지한 아프리카계를 누르고 미국 최대의 소수 민족으로 부상하여 미국의 인구 지도를 바꾸어 놓았다. 다시 말하면, 미국인 7명 중 1명이 히스패닉계였다. 그리고 2002년 3월의 통계에 의하면 히스패닉계 중 66.9%가 멕시코 출신, 14.3%는 중앙 및 남아메리카 국가들 출신, 8.6%는 푸에르토리코인, 3.7%는 쿠바 출신, 나머지 6.5%는 다른 지역(예컨대, 카리브해 지역) 출신이었다. 이렇게 멕시코계가 압도적이다 보니, 미국에서 살사 춤과 매년 5월 5일 거행되는 멕시코 축제인 '싱코 데 마요'가 미국 대도시들의 문화 현상이 된 지 이미 오래다. 히스패닉계는 높은 출산율, 멕시코를 비롯한 중남미 지역으로부터의 빠른 인구 유입 등으로 인해 2020년에는 미국 전체 인구의 20%를 차지하게 되고, 2050년에는 25%를 차지하게 될 것으로 추산되고 있다. 반면 2050년이 되면 현재 전체 인구의 2/3를 점하고 있는 백인계는 절반 이하로 줄어들어 미국은 어느 인종·민족도 인구의 과반수를 차지하지 못하는 '다수-소수 사회(majority-minority society)'가 될 것으로 보인다.

**멀어지는 통합의 꿈**

미국 내에서 급증하는 히스패닉계는 기존의 다른 세계에서 온 이민자들과 달리 미국의 주류 사회에 동화되어 '미국인'이

되려고 노력하는 것이 아니라, 그들 본래의 민족적·문화적 정체성을 결코 버리지 않고 미국 내에서 그들만의 사회를 만들어가고 있다. 미국 주류계는 이들이 미국을 두 개의 문화, 특히 언어를 가진 국가로 양분시킨다고 우려하고 있고, 이미 히스패닉계에 대해 경계의 눈초리를 보이기 시작했다. 특히 히스패닉계는 캘리포니아, 애리조나, 뉴멕시코, 텍사스, 플로리다 등의 주들, 그리고 뉴욕 시 등의 대도시에 집중적으로 분포하고 있다. 특히, 멕시코계는 남부 캘리포니아에, 쿠바계는 남부 플로리다의 마이애미에, 푸에르토리코계는 뉴욕 시에 밀집하여 거주하고 있다. 한 민족이 특정 지역에 집단적으로 거주하는 것은 이들 지역을 사회적·문화적으로 본류와 동떨어진 이질적인 지역으로 만들 뿐만 아니라, 특히 언어적으로 2중 언어권을 형성하는 요인이 되고 있다. 한 나라에서 그 나라 사람들의 공용어가 없을 때는 그 나라는 상이한 언어를 가진 공동체들로 나뉘어 결국에는 분열되고 말 것이다. 히스패닉계의 지역적 집중화는 그러한 우려를 불러일으키기에 충분할 것 같다. 이미 백인들로 이루어진 주류 미국인들은 그들의 사회가 '앵글로-히스패닉Anglo-Hispanic 사회'가 될 것이라 경계하고 있다.

## '인구적인 재정복'

미국 내의 히스패닉 사회의 가장 큰 특징은 이미 언급한 바 있는 인구의 지역적 집중화이다. 히스패닉계는 미국의 남동부 지역과 남서부 지역에 집중 거주하고 있다. 2002년 3월의 통계에 의하면, 히스패닉계 인구의 44.2%가 서부(알래스카·애리조나·캘리포니아·콜로라도·하와이·아이다호·몬태나·네바다·뉴멕시코·오리건·유타·워싱턴·와이오밍 주 포함)에 거주하고 있었는데 반해, 비히스패닉계의 백인은 19.2%만이 서부에 거주하고 있었다. 그리고 푸에르토리코인의 58%가 뉴욕을 비롯한 북동부(코네티컷·메인·매사추세츠·뉴햄프셔·뉴저지·뉴욕·펜실베이니아·로드아일랜드·버몬트 주 포함)에 거주하고 있었고, 쿠바계의 75.1%가 플로리다 등 남부(앨라배마·아칸소·델라웨어·콜롬비아 특별구(워싱턴 D.C.)·플로리다·조지아·켄터키·루이지애나·메릴랜드·미시시피·노스캐롤라이나·오클라호마·사우스캐롤라이나·테네시·텍사스·버지니아·웨스트버지니아 주 포함)에 거주하고 있었다.

'건국의 아버지들'은 이민자들이 미국 사회에 쉽게 동화하려면 많은 지역에 분산 거주해야 한다고 주장했다. 워싱턴은 "이민자들은 한데 모여 살면 좋건 나쁘건 그들이 갖고 온 언어, 습관, 그리고 원리들을 보존하게 된다. 하지만 그들이 우리와 함께 모여 살면 그들이나 그 후손들은 우리의 관습, 제도, 법률에 동화될 것이다. 즉, 그들은 곧 하나의 국민이 될 것"이라고 말했다. 제퍼슨Thomas Jefferson 또한 "이민자들은 지역적으로 널리 퍼져 있어야만 빨리 동화될 수 있다"고 주장했다. 프랭클린Benjamin Franklin은 "이민자들을 더 넓게 분산시키고 그들이 영어와 섞이게 하고 현재 그들이 밀집해 있는 곳에 영어 학교를 세워야 한다"고 말했다.

실제로, 모든 집단들의 이민 과정은 늘 처음에는 민족적인 교두보를 마련하고, 이어서 더 많은 '동포들'이 정착하면 그것을 민족적인 집단 거주지로 확대시키는 것이었다. 대부분의 이민자 집단 거주지들은 도시들에 있었고, 큰 도시들은 여러 이민자 집단들의 삶의 터전이 되었다. 개개 이민자 집단은 자신의 삶을 위해 다른 집단들과 경쟁을 하고 자신의 문화적 전통을 유지했다. 이와 같은 이민자 집단들 간의 경쟁과 문화적 다양성은 그 중의 한 이민자 집단이 문화적·정치적 지배 세력이 되는 것을 막았고, 그들 모두가 영어에 유창하게 되는 것을 도왔다. 그런 다음, 이민의 물결이 약해지고 2세대가 3세대에게 자리를 넘겨주면서 그 집단의 상향 이동적인 구성원들은 그들 동포들의 집단 거주지에서 빠져나왔다. 즉, 미국 주류 사회에 동화된 이민자 집단은 집단 거주지를 빠져나가고 새로운 이민자들이 그 자리를 대체했다.

그러나 히스패닉계의 이민자들은 그러한 선집중, 후분산의 패턴에서 크게 벗어나 있다. 우선, 멕시코에서 들어오는 이민자들(합법적인 이민자이든 불법 체류자이든 간에)은 미국이 1830년대와 1840년대에 무력으로 멕시코로부터 빼앗은 지역을 거주지로 되찾는다는 '인구적인 재정복(demographic reconquest)'의 인식을 갖고 있다. 그래서 히스패닉계의 이민자들은 그들의 나라와 지리적으로 가까운 곳에 집중 분포하는 경향이 있다. 멕시코계는 남부 캘리포니아에, 쿠바계는 플로리다 주 마이애미에, 푸에르토리코인들은 뉴욕 지역에 밀집하여 거주하고 있다. 특히, 히스패닉계가 많이 거주하고 있는 주는 뉴멕시코(42.1%, 전체 주민에서 히스패닉계가 차지하는 비율임), 캘리포니아(32.4%), 텍사스(32.0%), 애리조나(25.3%), 네바다(19.7%) 등이다.

1990년대 이래 이들 지역에서 히스패닉계가 전체 주민들 가운데 차지하는 비율은 계속해서 높아지고 있다. 그와 동시에, 멕시코계를 비롯한 히스패닉계는 다른 지역으로도 진출을 시도하고 있다. 1990년대 이래 스페인어 사용자의 증가율이 높아지는 주로는 노스캐롤라이나, 아칸소, 조지아, 테네시, 사우스캐롤라이나, 네바다, 앨라배마 주 등이 있다. 히스패닉계는 또한 여러 곳의 개별 도시와 마을들에서도 인구 집중화의 경향을 보이고 있다. 예컨대 2000년의 경우 로스앤젤레스 주민의 46.5%가 히스패닉계였고, 히스패닉계의 64%가 멕시코계였다. 반면에, 비히스패닉계인 백인 인구의 비율은 29.7%에 불과했다. 2010년이 되면, 히스패닉계가 로스앤젤레스 인구의 60%를 차지할 것으로 예상된다. 이들 지역으로 오는 멕시코계 이주민의 대부분은 이민을 온다기보다는 자신들의 옛 영토를 되찾는다는 심리를 강하게 지니고 있다.

주지하다시피 텍사스, 뉴멕시코, 애리조나, 캘리포니아, 네바다, 그리고 유타 주 등은 1835~1836년의 '텍사스 독립 전쟁'과 1846~1848년의 '멕시코 전쟁'으로 인해서 멕시코가 그것들을 잃기 전에는 멕시코 영토였다. 이러한 역사적 사실이 멕시코계의 미국으로의 이민 행렬을 가속화시키고 있다. 멕시코인들은 남의 나라로 이민가는 것이 아니라 자신의 원래의 국토를 찾아간다고 생각한다. 그러므로 그들은 그 지역에 자연스럽게 정착하고 다른 이민자들과 달리 자신들의 땅에서 산다는 기분을 느끼고 있다.

이러한 히스패닉계의 지리적 집중화는 그들의 정치적 발언권의 강화를 초래하고 있다. 실제로, 히스패닉계가 집중적으로 거주하고 있는 지역에서는 그들의 정치적 위상이 점점 더 높아지고 있다. 대통령 선거에서 승자 독식 제도를 시행하고 있는 미국의 선거 제도에서 캘리포니아, 플로리다, 텍사스 등 히스패닉계가 많이 거주하고 있는 주에서는 히스패닉계의 정치적 색깔이 선거에서의 승리에 매우 중요한 변수가 되고 있다.

실제로 각 후보들은 히스패닉계의 표를 공략하기 위해 특정 지역에서는 의도적으로 스페인어로 정치 캠페인을 하기도 한다. 2000년 대선에서 공화당 후보였던 현 조지 W. 부시George W. Bush 대통령은 동생 젭 부시Jeb E. Bush 플로리다 주지사의 아들을 자주 데리고 다녔다. 자신의 조카인 조지 P. 부시George P. Bush의 어머니가 히스패닉계인 점을 이용하여 그를 단골 연사로 내보냈으며, 스페인어를 사용하는 친인척들을 동원해 적극적으로 히스패닉계 유권자들에게 지지를 호소했다. 그는 또한 히스패닉계 불법 이민자들에 대한 규제를 완화하겠다는 공약으로 지지도를 끌어올리기도 했다.

2004년 대선에서 정권 창출에 실패한 민주당은 2008년 대통령 선거에서의 승리를 위해 이미 히스패닉계의 표심을 끌어안기에 돌입한 상태이다. 정치적으로 '잠자는 거인(sleeping giant)'에 해당되는 히스패닉계를 끌어들이지 않고서는 대통령 선거에서 절대 승리할 수 없다는 사실을 절감했기 때문이다. 민주당은 전통적인 표밭이던 남부를 공화당에 고스란히 내어준 뒤 자당 지지 성향의 히스패닉계가 많이 거주하고 있는 남서부를 새로운 정치적 아성으로 삼으려 하고 있다.

실제로, 히스패닉계의 위력은 강력하여 그들의 움직임은 앞으로의 선거의 향배를 좌우할 수도 있다. 히스패닉계의 유권자 비율은 전체 연방 하원 의석 435개의 선거구 중 1/4이 넘는 122개 선거구에서 13% 이상의 비중을 차지하고 있다. 이들 선거구 중 75% 이상이 서부와 남부에 몰려 있다. 전국에서 가장 많은 52개 하원 의석을 보유하고 있는 캘리포니아와 30개 하원 의석을 보유하고 있는 텍사스와 같은 초대형 주에서의 히스패닉계의 입김은 절대적이다. 텍사스 주의 경우, 유권자의 60%가 히스패닉계이다. 하원 의석은 그대로 대통령 선거인단의 수에 반영되기 때문에 히스패닉계는 마음만 먹으면 대통령 선거에서 엄청난 힘을 발휘할 수 있다.

히스패닉계에 대한 미국 정계의 관심이 최근 들어 갑자기 나타난 것은 아니다. 1990년대 들어 히스패닉계나 아시아계의 이민이 급증하면서 미국의 지방 정치가 구조적인 변화를 일으키기 시작했다. 이들의 이민 사회가 자신들의 경제적 권익을 정치 참여로 지키고 또한 확대하려 하였고, 이러한 경향은 히스패닉계가 다수파가 되려고 하는 남부 캘리포니아 지방에서 가장 현저하게 나타났다. 즉, 50개 주 가운데 인구가 가장 많은 캘리포니아 주에서 히스패닉계가 '정치적 각성'을 하기 시작한 것이다.

정치적 각성에 의한 히스패닉계의 투표율 증가와 더불어 점점 히스패닉계가 정치계에 입문하는 사례가 늘어나고 있다. 히스패닉계의 정치력의 신장은 조지 W. 부시 행정부의 두 명의 장관이 히스패닉 출신인 점에서 잘 드러난다. 법무장관인 앨버토 곤잘레스Alberto Gonzales와 상무장관인 쿠바 난민 출신의 카를로스 구티에레스Carlos Gutierrez가 그들이다. 그 밖에 중소기업청장인 헥터 바레토Hector Barreto도 히스패닉계이다. 그리고 2005년 5월 17일에는 미국 제 2의 도시인 로스앤젤레스 시장 선거에서 멕시코계 이민 2세인 안토니오 비야라이고사 Antonio Villaraigosa가 현직의 백인 시장을 누르고 당선되었다. 그의 로스앤젤레스 시장 당선은 1872년 이후 133년만의 첫 라틴계 시장의 탄생이란 상징적인 의미를 지녔다. 나아가, 그의 시장 당선은 이후 히스패닉계의 정치 세력화가 본격적으로 이루어질 것이란 전망을 낳았다.

뉴욕은 이미 2중 언어 도시로서, 스페인어가 거리의 삶, 사업, 공적 및 사회적 서비스, 학교, 그리고 가정에서 일상화되어 있다. 히스패닉계와 아시아계 이민이 급증하면서, 2001년에는 800만 명이었던 뉴욕 시의 인구에서 히스패닉계가 27%

를 차지하여, 아프리카계가 차지하는 비율 25%를 추월했다. 그리고 2005년 11월의 뉴욕 시장 선거는 백인 유권자가 '소수'로 참여하는 최초의 선거였다. 뉴욕 시의 백인 유권자의 비율은 2004년 대통령 선거 때까지도 51%를 유지했으나, 2005년 시장 선거에서는 48%로 떨어졌다. 1990년부터 2000년 사이에 뉴욕의 백인 유권자의 비율이 11% 감소한 반면에, 같은 기간 동안에 히스패닉계 유권자의 비율은 21% 증가했다. 뉴욕 전체 인구에서 백인의 비율이 절반 이하로 떨어진 것은 1980년대였고, 유권자 중 백인의 비율도 1989년의 56%에서 2001년에는 52%로 감소했다.

코네티컷 주의 주도 하트포드Hartford 시의 경우 2003년에 전체 인구의 40% 이상이 히스패닉계(주로 푸에르토리코계)였다. 이 수치는 흑인 인구 비율인 38%를 능가하는 것으로서 캘리포니아, 콜로라도, 그리고 플로리다 주 이외 지역의 주요 도시들 가운데 가장 높은 비율이었다. 그리하여 하트포드 시에서는 처음으로 히스패닉계가 시장에 당선되었다. 하트포드 시는 일종의 중남미 도시가 되었고, 이와 같은 현상은 앞으로도 계속될 것 같다.

최근까지, 히스패닉계 출신 연방 하원의원은 민주당 19명과 공화당 4명 등 총 23명이고 연방 상원의원은 민주당 1명(플로리다)과 공화당 1명(콜로라도) 등 총 2명이다. 히스패닉계가 차지하는 연방 하원 의석 비율이 아직은 5%로 흑인보다 낮지만 '라틴 파워'를 과시할 날이 멀지 않은 것 같다. 이와 같은 라틴 파워는 정치적 구도뿐만 아니라, 스페인어와 스페인 음식의 유행 등 문화 지도와 히스패닉계를 겨냥한 마케팅의 성행 등 기업 활동에도 변화를 가져오면서 미국의 모습을 바꾸어 나가고 있다.

## '앵글로-히스패닉 사회'의 등장

오늘날, 미국의 핵심적인 앵글로-프로테스탄트 문화는 상당한 도전에 직면해 있다. 이전에는 미국의 역사에서 대다수의 이민자들이 영어가 아닌 다른 언어를 사용한 적이 드물었다. 그러나 스페인어를 사용하는 히스패닉계로 인해 영어로 대표되는 미국의 문화적 정체성이 새로운 국면을 맞이하고 있다. 히스패닉계는 미국 최대의 비백인계 소수 민족으로 부상했으며, 출신 국가들의 지리적 인접성, 이민의 지속성, 2중 언어 교육으로 인한 스페인어의 끈질긴 생명력, 관공서 및 기업들이 히스패닉계에 맞추어 사업을 하고 광고에 스페인어를 사용하는 분위기는 미국 사회에서 핵심적이지 않은 다른 강력한 문화를 만들어냄으로써 미국을 양분하는 역할을 하고 있다.

1965년 이후의 대대적인 히스패닉계의 이민으로 인해 미국에서는 점점 더 언어와 문화적 측면에서 2중국가 같은 특성이 부각되고 있다. 플로리다 지역과 남서부 지역들에서는 문화와 언어 면에서 기본적으로 히스패닉계의 특성이 두드러지면서 미국적 문화와 히스패닉 문화 양쪽의 문화와 언어들이 공존하는 양상을 보이고 있다. 과거 미국으로의 이민을 생각할 때는 자유의 여신상과 엘리스 섬, 그리고 케네디 공항 같은 것을 연상했을지 모른다. 그러나 멕시코계 이민의 경우, 과거의 전통적 이민의 이미지와는 달리 육지의 경계선과 얕은 강만으로 구분되는 2천 마일의 국경을 접하고 있으면서 이민의 규제와 통제, 국경 간 공동체의 등장으로 인한 국경 개념의 약화 등의 독특한 이민 문화의 특성이 나타나고 있다.

히스패닉계의 대두와 그들만의 언어적·문화적 세계의 구축은 그들의 민족성이 다문화주의와 일치하는 데서 비롯되고 있다. 히스패닉계는 그들만의 지역적 집단화를 이루어 영어를 사용하는 다민족의 삶이라는 미국의 주류 문화에 동화될 의지도 없고 필요성도 느끼지 못하고 있다.

히스패닉계에 의한 그들만의 세계 구축을 비판하는 사람들은 히스패닉계가 미국의 주요 도시들에 대거 들어와서 하나로서의 미국 국민의 정체성을 위협하고 미국 사회의 분열을 촉진하고 있다고 주장한다. 사실, 히스패닉계의 특정 도시로의 집중은 이들을 사회적·문화적으로 이질적인 도시로 만들 뿐만 아니라, 언어적으로도 2중 문화권을 형성시키는 요인이 되고 있다. 2000년에 4,700만 명의 사람들이(5세 이상 인구의 18%) 집에서 영어가 아닌 언어를 사용했으며, 그중 2,800만 명이 스페인어를 사용했다. 한마디로, 미국에서 영어 이외의 다른 언어들 중 가장 많이 쓰이는 언어는 스페인어인 것이다.

역사적으로 언어의 동화는 나름대로 공통된 패턴을 보이는 경향이 있다. 대다수의 1세대 이민자들은 영어 사용 국가에서 들어오지 않는 한 영어에 유창하지 못하다. 아주 어렸을 때 부모와 함께 미국에 오거나 미국에서 태어난 2세대는 영어와 모국어 모두에 상대적으로 높은 실력을 갖게 된다. 반면에, 3세대는 영어는 아주 유창하지만 모국어에 대해서는 아는 것이 거의 없고, 이것은 선조에 대한 관심으로 인해 모국어를 배우고 싶은 마음을 동반하기도 한다. 히스패닉계가 이러한 언어 동화 과정을 따르게 될지는 불분명하다.

1990년에 멕시코 태생 이민 1세대들 가운데 95%가 집에서 스페인어를 사용했다. 이들 중 73.6%는 영어를 잘 구사하지 못했고, 46%는 영어를 전혀 구사할 수 없었다. 미국에서 태어난 이민 2세대의 경우 11.6%가 영어보다 스페인어를 더 잘 구사했고, 25%는 두 언어의 사용 수준이 비슷했다. 그리고 32%는 영어를 스페인어보다 더 잘 구사했고, 30%는 오직 영어만을 사용했다. 즉, 미국에서 태어난 멕시코계의 90%가 영어를 구사할 수 있었다. 히스패닉계의 대다수를 차지하는 멕시코계의 경우, 이민 1세대와 2세대는 기존의 언어 동화 패턴을 어느 정도 따르고 있다고 할 수 있다. 그러나 멕시코계 이민 공동체의 급속한 확산으로 인해 2000년에는 영어 사용의 동기와 필요성이 예전에 비해 오히려 줄어들었다. 멕시코계 이민자들과 히스패닉계의 절대 다수(66~85%)는 그들의 자녀들이 스페인어에 유창할 필요성을 강조하고 있다. 이러한 태도는 그들의 자녀에게 영어 사용을 강조하고 미국 주류 문화에 동화될 것을 가장 중요하게 여기는 아시아계 부모들과 크게 차이가 나는 부분이다. 히스패닉계의 부모들이 모국어의 유창한 구사력을 권장하는 이유는 지속적이고 대규모적인 이민 유입의 결과 뉴욕, 마이애미, 로스앤젤레스 등의 도시들과 남서부 지역에서는 스페인어 사용자들이 점점 더 영어를 몰라도 정상적인 생활을 할 수 있기 때문이다.

사실, 히스패닉이 집중적으로 거주하는 지역에서는 아침부터 밤중까지 일터와 가정, 그리고 일상적인 사회생활에서 스페인어가 주요 언어로 사용되고 있다. 따라서 영어에 능숙할 필요도 없고 영어를 잘하는 것도 별로 중요하지 않다. 즉, 히스패닉 문화권 안에 거주하는 사람들은 영어를 배우려고 하지 않는다. 오히려 그들이 집중적으로 거주하는 지역의 경우, 의사소통을 위해서는 영어가 아니라 스페인어를 구사할 수 있어야 한다.

2004년 대통령 선거에서는 히스패닉계가 선거의 주요 변수가 되어 양당 후보 모두 이들에게 많은 시간과 돈을 쏟아 부었다. 미국은 다민족 국가이므로 그동안 소수민족을 목표로 하는 소규모 표적 마케팅을 펼치는 것이 일반적이었지만, 2004년 대선의 경우에는 아예 히스패닉계 인구만을 위한 별도의 TV와 인쇄 광고가 동원되었다. 광고 방송의 경우 스페인어로 제작된 별도의 TV 광고를 내보냈고, 부시의 경우 아예 스페인어로 인사를 했다.

히스패닉계의 부모들만 모국어를 유창하게 구사할 것을 권장한 것은 아니다. 히스패닉계 단체들의 지도자들도 적극적으로 스페인어 사용을 권장해왔다. 2중 언어 교육법의 목표는 영어 실력이 모자라 교육적으로 불리하고 가난한 멕시코계 자녀들을 돕기 위한 것이었다. 그러나 이 2개 언어 상용주의는 오히려 이들의 미국 사회 적응을 지체시키고 그들을 따로 모이도록 장려함으로써 문화적 차이를 영속화시키는 역기능을 수행했다. 예컨대, 1999년에 뉴욕에서는 스페인어 2중 언어 교육을 받은 학생들의 90%가 그 프로그램이 규정한 대로 3년 후에 영어 강의에 합류하지 못했다. 결국, 2개 언어 상용주의는 학생들에게 스페인어로 가르치고 그들을 히스패닉 문화에 몰입시키는 완곡한 방법이 되고 말았다. 갈수록 스페인어에 유창한 교사들에 대한 수요가 늘어났고 캘리포니아, 뉴욕, 그 밖의 다른 주들이 푸에르토리코 출신 교사들을 필요로 하게 되었다. 한마디로, 2개 언어 상용주의는 본래의 취지와 다르게 스페인어 교육이 되었다.

이렇게 스페인어 사용 인구가 급증하자, 미국 내 방송 매체의 경우에도 히스패닉계를 겨냥한 스페인어 방송이 늘어나고 있다. 전국의 스페인어 라디오 방송 청취자가 전체 라디오 방송 청취자 중에서 차지하는 비율은 5년 전의 5%에서 7~8%로 높아졌다. 캘리포니아, 플로리다, 텍사스, 뉴욕 주 등 히스패닉계가 집중적으로 거주하는 지역에서는 히스패닉계를 대상으로 하는 라디오 방송국이 하나둘 생기고 있다. 또한, 미국에서 가장 큰 스페인어 공중파 TV인 유니비전Univision은 1990

년대에 히스패닉 공동체의 등장에 중심적 역할을 했다. 유니비전은 멕시코의 가장 큰 다국적기업인 텔레비사Televisa를 모회사로 하고 있었기 때문에 그로부터 무제한의 지원을 받을 수 있었다. 유니비전의 저녁 뉴스 시청자의 수는 뉴욕, 마이애미, 시카고, 로스앤젤레스에서는 ABC, NBC, CBS, CNN 등의 시청자 수에 맞먹거나 이를 능가하는 것으로 알려졌다. 지역적으로 히스패닉계가 집중적으로 거주하는 지역의 경우에는 TV 방송에서의 언어 사용이 특이하다. 로스앤젤레스의 경우, 지난 2004년 대통령 선거 방송의 경우 오직 10%만이 영어로 방송되었고 33%가 스페인어로 방송되었다. 또한, 뉴욕의 경우에도 영어로 방송된 것은 11%였던 데 반해 스페인어 방송은 19%였다.

어떤 언어를 사용하느냐 하는 언어 선호의 문제는 결국 어떤 의견과 관점을 가지느냐 하는 문제로 이어진다. 2004년에 어떤 언어로 방송되는 뉴스를 시청하는지에 따라서 어떤 의견을 가지는지에 대한 설문조사가 실시되었다. 영어로 뉴스를 보는 히스패닉계는 스페인어 또는 2중 언어를 사용하는 방송을 시청하는 사람들보다 더 미국 주류계의 의견과 유사한 견해를 보였다. 예를 들면, 불법 이민자들이 저임금 노동으로 미국에 경제적 이익을 준다는 데 대해 의견을 물어보았을 때, 미국 주류계는 59%가 긍정적인 반응을 보였고 41%가 부정적인 반응을 보였다. 그러나 스페인어 방송만을 보는 히스패닉계의 경우 89% 긍정적이었던 데 반해 오직 11%만이 부정적이었다. 반면에 영어 방송을 보는 히스패닉계의 경우, 79%가 긍정적이었고 21%가 부정적이었다. 다시 말해서, 영어 방송을 시청하는 히스패닉계는 스페인어 방송만을 시청하는 히스패닉계에 비해 부정적인 견해를 가진 사람들이 2배 정도에 이르렀다. 이는 방송 매체에서 사용되는 언어가 사람들의 의식에 영향을 준다는 증거가 되고 있다.

히스패닉계의 지도자들과 조직들은 모든 미국인들이 영어와 적어도 하나의 다른 언어(결국은 스페인어)에 유창해지는 것이 좋다는 점을 적극적으로 주장했다. 그러나 이렇게 되면 스페인어가 영어 이외의 제 1외국어가 되는 것이 아니라, 갈수록 스페인어를 알지 못하면 의사소통 자체가 불가능해지는 사회로 나아가는 언어의 양분화가 일어날 가능성이 크다. 이러한 현상은 결국 다양한 문화와 인종·민족들이 하나의 공통적인 문화를 만들어내면서 살고 있는 원래의 미국이 아니라, 스페인어를 중심으로 살아가는 또 다른 커다란 공동체의 등장으로 귀결될 수 있을 것이다.

오늘날, 미국 내에서 히스패닉계가 집중적으로 거주하는 지역에서는 스페인어에 대한 정책들이 속속 나타나고 있다. 미국에서 세 번째로 히스패닉계 인구의 비율이 높은 텍사스 주에서는 학생들의 40%가 히스패닉계이다. 특히, 달라스Dallas 교육구의 경우는 전체 학생들의 63%가 히스패닉계이다. 달라스 교육구에 속한 89개 학교 가운데 스페인어를 구사하는 2개 언어 교사가 있는 학교는 52개교이며 그렇지 않은 학교는 37

개교이다. 달라스 교육구 이사회에서는 교장들이 해당 학교에서의 스페인어 사용을 의무화하도록 하는 안건이 상정되어 찬반 논란 끝에 5:4로 통과되었다.

또한 엘 세니조El Cenizo 시에서는 스페인어가 공용어로 채택되었다. 미국의 남부 국경 소도시인 이곳에서는 공적인 업무에 영어를 쓰지 않고 스페인어를 쓰기로 하였다. 회의도 영어가 아닌 스페인어로 진행하고, 모든 공문서도 스페인어로 작성하게 되었다. 엘세니조 시는 텍사스 남부의 국경 도시인 라레도Laredo 시 외곽에 위치한 인구 6,828명의 자그마한 위성도시이다. 대부분 주민들은 서비스업에 종사하고 있는데, 경제적으로 열악한 상황이고 교육 수준도 낮다. 고등학교 이상의 교육을 받은 사람이 23%에 지나지 않을 정도이다. 이들의 대부분은 멕시코로부터 온 이민자이거나 이민 2세의 멕시코계 후손들로 이루어진 마을이다.

엘세니조 시는 스페인어를 공용어로 채택함과 동시에 현지 지방 공무원이 국경에서 밀입국자를 막는 국경 순찰대를 돕는 일을 금지해 사실상 밀입국자들의 안전지대, 즉 히스패닉계의 해방구가 되어버렸다. 이는 엘세니조 시 주민들이 합법적인 이민자이든 불법 체류자이든 간에 이민자들로 구성되어 있기 때문이다. 사실, 엘세니조 시의 결정은 아주 작은 마을의 일이므로 간과할 수 있을지도 모른다. 그러나 이것은 분명히 상징성을 띠고 있다. 미국에서 처음으로 스페인어를 공용어로 선포한 것은 스페인어를 모국어로 쓰는 히스패닉계가 많이 모여 살고 있는 텍사스를 포함한 남부 주들이나 캘리포니아 등의 남서부 주들에서 같은 일이 연쇄 반응으로 일어날 수 있는 일종의 도화선이 될 수 있기 때문이다.

스페인어는 이미 미국에서는 '제 2의 국어'로 통한다. 마이애미 시는 영어와 스페인어를 공식적으로 함께 사용하고 있다. 영어와 스페인어가 뒤섞인 '스팽글리쉬Spanglish'라는 신조어가 등장한지도 꽤 되었다. 이제 영어와 스페인어 모두에 유창해지는 것이 점점 더 업계, 학계, 언론계, 그리고 특히 정치와 정부의 성공에서 중요해지고 있다. 이런 현상에 대해 영어만이 미국의 공식적인 언어가 되어야 한다는 '영어 우선주의(English First)'자들은 언어로 인한 분열은 곧바로 또 다른 국가적 분열을 가져올 것이라고 경고하고 있다.

미국 내의 히스패닉계의 경제력 또한 만만치 않다. 평균 가구 소득은 아직 미국 평균보다 처지지만, 전체 구매력은 1984년과 비교해 2002년에는 30% 이상 증가했다. 증가율로는 백인, 흑인 등 비히스패닉계에 비해 두 배나 높다. 히스패닉계는 가구당 연 5만 달러 이하의 저소득층이 약 80%에 달하지만 저축률이 낮아 그만큼 이들의 구매력은 높다. 이에 따라, 히스패닉계가 미국의 음식, 의복, 승용차 등의 소비시장의 판도를 바꾸고 있다는 평가도 나온다. 기업들이 이들의 지갑을 열게 만드는 히스패닉 마케팅에 주력하는 것도 새 풍속도로 자리잡고 있다.

기업들은 히스패닉계의 구매력에 맞추기 위하여 스페인어

를 통한 광고와 마케팅 전략을 세우고 있다. 기업들이 히스패닉계의 고객들을 겨냥한다는 것은 그들에게 점점 더 2중 언어 직원들이 필요하다는 뜻이다. 이러한 채용 정책들의 변경은 소득에도 영향을 끼친다. 예컨대, 마이애미 시에서는 스페인어만을 사용하는 가족들의 평균 소득은 18,000달러, 영어만을 사용하는 가족들의 평균 소득은 32,000달러, 그리고 2중 언어 가족들의 평균 소득은 50,376달러였다. 히스패닉계의 인구가 늘어나면 늘어날수록 그리고 그들이 집중 거주하는 지역이 늘어나면 늘어날수록, 미국의 역사에서 처음으로 점점 더 많은 수의 미국인들이 같은 미국인들로부터 영어만을 사용한다는 이유 때문에 일자리를 구할 수 없거나 더 나은 보수를 얻지 못하게 될 것이다.

오늘날 멕시코와 미국의 국경선은 녹는 중이거나 흐려지고 있는 중, 또는 북쪽으로 이동하는 중, 그리고 일종의 점선이라고 표현되고 있다. 달리 말하면, 이것은 미국의 남서부와 북부 멕시코에서 흔히 말하는 '멕사메리카Mexamerica' '아멕시카Ame-xica' '멕시포니아Mexifornia' 등을 초래한다. 오늘날 캘리포니아 주의 정체성은 빠르게 히스패닉, 구체적으로 멕시칸의 정체성이 되고 있다. 2000년에 국경 지대에 있는 12개 주요 도시들 가운데 6개 도시의 경우는 인구의 90% 이상이, 다른 3개 도시의 경우 80% 이상이, 그리고 다른 하나는 70~79%가 히스패닉계였다. 오직 샌디에고San Diego와 유마Yuma에서만이 히스패닉계 인구의 비율이 50% 미만이었다. 엘파소El Paso 시의 한 전직 시장은 2001년에 "우리 모두는 멕시칸"이라고 선언했다.

히스패닉계 이민의 지속성과 점점 더 많아지는 히스패닉계 이민자의 수는 그들의 문화적 동화의 필요성을 감소시키고 있다. 히스패닉계의 미국인들은 더 이상 자신들을 미국의 지배적인 집단의 문화에 동화되어야 하는 소수 민족의 일원으로 보지 않는다. 절대적이고 상대적으로 인구가 늘어나면서, 이들은 점점 더 미국 내에서 자신들의 민족적 정체성과 문화에 헌신하고 있다. 그러나 히스패닉 인구의 급증과 거기에 따른 스페인어 사용의 확대에 따라 소수가 될지도 모르는 백인계 (유럽계) 미국인들이 위기의식을 느껴 민주주의의 원리에 순응하는 것을 재고하게 되어 중대한 헌정상의 위기가 일어날 수도 있다.

# 아직도 아메리칸 드림은 유효하다

고대 그리스 시대 이래, 아리스토텔레스를 비롯한 대부분의 정치이론가들은 자신의 이론을 전개함에 있어서 해당 공동체의 인종적·민족적 단일성을 전제로 했다. 즉, 인류 역사를 통하여 '한 민족, 한 국가(one people, one state)'라는 공식이 존중되어 왔다. 그런데 실제로 그와 같은 단일 민족 국가는 잘 이루어지지 않았다. 대체로 민족적·인종적 '형제들'은 여러 나라에 분산·거주하였고, 외국의 주권 하에서 이방인들과 공존하도록 강요당했다.

이러한 다원주의, 즉 '한 국가, 많은 민족(one state, many peoples)' 사상은 대체로 전제적 정권 하에서 실현 가능했다. 다시 말해서, 그것은 왕조적 혹은 제국적 제도와 통치 하에서 이루어질 수 있었다. 왜냐하면 자유로운 개개인은 그들이 할 수만 있다면 같은 민족끼리 함께 사는 길을 선택할 것이기 때문이다. 그들은 당연히 정치적 주권을 민족적 혹은 인종적 공동체와 연결시키고자 한다. 그들은 같은 민족 사이에서만이 평화로운 통치가 가능하다고 생각하고 정치적 경계선을 문화적 영역 내지 경계선과 맞추고자 한다. 사실, 자치는 같은 인종·민족 공동체 내에서만 완전히 성공적일 수 있었다.

## 이민으로 이루어진 나라

이와 같은 법칙에 대한 커다란 예외가 미국이다. 미국은 다인종 국가 내지 사회이다. 다원주의가 정복과 왕조적 동맹에 기원을 두고 있던 구세계의 경우와 달리, 미국에서의 다원주의는 개인과 가족의 이주에 기원을 두고 있다. 미국 인구의 대부분은 인디언 부족들처럼 정복당하거나 멕시코인들처럼 합병되었거나 흑인들처럼 강제로 이주당한 사람들이 아니라, 큰 항구 도시들을 통하여 한 명씩 한 명씩 들어온 개인들이 합쳐져서 형성되었다. 비록 미국의 국경선이 다른 모든 나라들의 그것처럼 전쟁과 외교로 인해 결정되었지만, 그 땅에 사는 주민들의 성격을 결정지은 것은 이민이었다.

미국은 국내적으로 제국적 제도를 가졌거나 통치를 하는 나라가 아니다. 따라서 미국의 다원주의는 이민 사회의 그것이다. 다양한 인종의 사람들이 미국 내의 다양한 지역에 모였지만, 그들은 개인적 선택에 따라 그렇게 했으며 그들이 사는 땅에 대해 특별한 유대 관계를 갖지 않은 채 모여서 무리를 이루었다. 그리하여 미국에서는 구세계에서 보이는 민족 자결의 요구가 존재하지 않았다. 흑인 노예들을 제외하면 이주자들은 자발적으로 미국에 왔으며, 그들은 미국에 머물도록 강요받지 않았다. 또한, 여러 민족 집단들은 분리를 위한 토대나 명분을 갖지 못했다.

이와 같이, 미국은 여러 민족이나 인종의 이민을 통하여 이루어진 나라, 혹은 캘런의 말처럼 '여러 문화적 국적을 가진 하나의 정치적 국가'이다. 미국인들은 그들의 나라를 조국 혹은 모국이라고 결코 말하지 않으며, 미국은 자신들의 출신지를 기억하고 있는 이민 온 사람들로 구성된 나라이다. 다시 말해서, 미국인들은 많은 조국을 가진 사람들이고, 그들의 조국은 미국이 아닌 다른 곳에 존재하고 있다.

'미국'이라는 말은 그것이 지칭하는 그곳에 살고 있는 사람들의 '출생'이나 '국적'의 의미를 내포하는 말이 아니라 미국 '시민권'의 의미를 내포하고 있다. 즉, 미국은 시민권자들의 결합체이다. 이민 온 사람들이 개별적으로 미국 땅에 도착하고 정착하여 미국인이 되었다면, 그들은 단지 정치적인 의미에서 그렇게 되었다. 다시 말해서, 그들은 개인적으로 미국 시민이 됨으로써 미국인이 되었다. 그들은 다른 면들, 예컨대 문화적·종교적으로, 심지어 한동안은 언어적으로 여전히 프랑스인, 독일인, 중국인, 유대인, 한국인 등으로 남아 있다. 요컨대,

미국은 하나의 공통적인 역사나 문화를 갖지 않고 단지 거주
지와 시민권만을 공유하는 많은 사람들로 구성된 나라이다.

## 인종의 용광로, 토마토 수프, 샐러드 볼

여러 인종·민족 사람들의 이민으로 이루어진 나라 미국은
본질적으로 다인종 사회로 출발하였다. 그리하여 이들 다양한
문화적·종교적 기원을 가진 사람들을 '하나의 국민', '하나의
인종'으로서의 '미국인'으로 만들려는 노력이 역사적으로 행
해졌다. 이러한 노력은 이른바 '인종의 용광로'라는 표현에서
절정에 달하였고, 이 '인종의 용광로'는 '인종적 종합'을 의미
하였다.

'용광로' 개념은 전통적인 앵글로-프로테스탄트 문화로의
동화를 요구하는 '토마토 수프' 개념에 대한 하나의 대안이었
다. '토마토 수프' 개념이 이민자들의 '미국화'를 추구했다면,
'용광로' 개념은 새로운 인종으로서의 미국인의 형성을 추구
했다.

미국인의 국민적 동질성과 국가적 통합을 추구하고 강조하
는 사람들은, 다양한 인종적 기원과 역사적 경험을 가진 전 세
계로부터 들어온 이민자들이 '인종의 용광로' 속에 완전히 용
해되어 새로운 국민 '미국인'으로 만들어지게 되는 것으로 생
각하였다. 그러나 그와 같은 '인종의 용광로' 개념은 1970년대
이후 많은 비판을 받게 되었다.

인종주의의 옹호자들과 '다문화주의자'들은 미국이 하나의 동질성을 지닌 국민과 공통의 문화를 가진 국가라는 주장에 반기를 들면서, 미국이 결코 '용해되지 않은 인종들'과 다양한 문화적 공동체들로 이루어진 나라라고 주장했다. 그들은 미국인들의 고유한 인종적·문화적 특색을 강조하여 미국을 독자성과 정체성을 지니고 있는 인종적·문화적 공동체들로 나누어야 하고, 이들 여러 인종 공동체는 그 자신의 존재와 정체성을 보존할 수 있어야 한다고 말했다. 이에 대해, 인종주의 예찬론과 다문화주의를 비판하는 사람들은 그러한 인종적·문화적 분리주의는 미국 사회에서 인종적 편견을 조장하고 통합적인 미국 사회를 분열로 이끌고 있다고 말했다.

그동안 미국은 인종적·문화적인 다양성에도 불구하고 하나의 국가로서 비교적 통일성을 잘 유지할 수 있었다. 이민으로 이루어진 나라 미국은 여러 민족이나 인종들을 받아들이고 그들 각각의 다양성을 유지함으로써 오히려 결속력을 강화할 수 있었다. 다시 말해서, 미국은 단순히 민족들·인종들·종교들의 연합체로 남은 것이 아니라, 이들의 정체성을 손상시키지 않으면서 상호 혼합시키는 데 성공을 거두었다. 미국으로 이민 온 사람들은 토착화된 기존의 미국 사회에 완전히 동화되어 버리거나 정체성을 상실하여 사라져버리지 않고 그들의 새로운 땅 미국을 고국으로 하는 '미국인'이 되었다.

## '국가 안의 국가'

여행객들이 로스앤젤레스 국제공항에서 가장 먼저 발견하는 것은 그 도시가 "세계에서 두 번째로 멕시칸이 많이 살고 있는 도시"라는 문구다. 물론, 세계에서 멕시칸이 가장 많이 살고 있는 도시는 멕시코시티이다. 오늘날 로스앤젤레스 시가 속해 있는 캘리포니아 주를 비롯한 미국의 서남부 지역은 히스패닉계가 집중적으로 거주하면서 사실상 '국가 안의 국가'를 형성하고 있다.

미국처럼 다양한 인종적·민족적 기원을 가진 사람들의 이민으로 이루어진 나라는 정치적 통합성과 문화적 다양성을 동시에 유지하기가 무척 힘들다. 캐나다가 그러한 전형적인 예인데 반해, 미국은 이 점에 있어서 크게 성공을 거두었다. 하지만 최근 히스패닉계의 대거 등장은 그러한 과정에 대한 하나의 중대한 일탈을 의미한다. 히스패닉계가 정치적·문화적으로 미국 사회 내에서 또 하나의 거대한 공동체를 만들면서 미국 사회가 정치적·문화적으로 분열될 수 있는 가능성이 생겼다.

이러한 미국 사회의 분열 가능성은 특히 문화적인 부문에서 현저하다. 무엇보다도, 언어 사용 면에서 스페인어 사용의 확산으로 인해 그러한 가능성이 현실로 나타날 수 있게 되었다. 일반적으로 미국의 이민 사회에서 이민 1세대는 모국어 단일 언어 세대로 남아 있고, 이민 2세대는 모국어와 영어 2중 언어 세대가 되고, 이민 3세대는 영어를 주로 사용하거나

영어만을 사용하는 단일 언어 세대가 되는 언어 사용의 전이
가 일어난다. 그러나 히스패닉계가 집중적으로 거주하는 지역
에서는 이러한 일반적인 패턴이 일어나지 않고 있다. 히스패
닉계가 인구 면에서 지배적인 지역에서는 스페인어 사용 수준
이 달라지지 않은 채, 히스패닉계의 대부분은 기껏해야 2중
언어 화자로 남아 있다. 이러한 현상은 정치 쪽에 그대로 반영
되어, 영어보다 스페인어를 사용하는 대부분의 히스패닉계는
모국에 유리한 쪽으로 의견을 모으고 있다.

　이러한 가운데, 최근 스페인어로 된 미국 국가가 제작·공개
되어 큰 논란을 불러일으켰다. '우리의 축가'라는 뜻의 스페인
어판 미국 국가인 「누에스트로 힘노Nuestro Himno」의 제작진은
미국 국가(Star-Spangled Banner)의 일부 곡조와 가사까지 바꾸
었다. 이러한 스페인어로 된 국가의 등장에 대해 주류 미국인
들은 크게 우려하고 또한 반발했다. 부시 대통령은 미국의 국
가는 영어로 불려야지 스페인어로 불려서는 안 된다고 주장하
고, "국가 문제를 얘기할 때 중요한 것들 중의 하나는 국가
(nation)의 혼을 잊어서는 안 된다는 사실이며, 미국의 시민이
되기를 원하는 사람은 영어를 배워야 하고 국가를 영어로 부
르는 법을 배워야 한다"고 강조했다. 아울러, 그는 "미국의 위
대함 가운데 하나는 모든 종류의 사람들이 신의 가호 아래 하
나의 국민으로 받아들여져 왔다는 점이며, 그것은 지금 우리
가 직면한 도전이기도 하다"라고 말했다.

　언어는 정신의 혈액이다. 논란의 여지가 있는 게 사실이지

만, 언어는 흔히 문화를 결정한다. 일본 식민 통치 시대에 일본인들이 가장 집요하게 추구한 것이 '조선어 말살 정책'이었다. 오늘날 스페인어를 고수하는 히스패닉계는 남서부 지역 등지에서 급속하게 히스패닉 문화권을 형성해가고 있다. 앞으로 미국은 언어(영어/스페인어)와 문화(앵글로/히스패닉)의 측면에서 2중 국가가 될 것이다. 즉, 미국의 상당한 지역들, 특히 남부 플로리다와 캘리포니아를 비롯한 남서부 지역들은 언어와 문화에서 기본적으로 스페인어-히스패닉 문화의 사회가 될 것이고, 다른 지역은 양쪽의 언어와 문화들(영어-앵글로 문화와 스페인어-히스패닉 문화)이 공존하는 사회가 될 것이다. 결국, 미국은 언어적·문화적 단결력이 약해져 캐나다, 스위스, 벨기에처럼 2중 언어, 2중 문화의 사회가 될 것이다.

이러한 경향은 미국 주류계의 경계심을 증폭시키고 있다. 이와 같은 주류 사회의 경계심의 증대는 정책으로 나타나서 미국 내 소수 인종·민족에게 불리하게 작용할 수도 있다. 다인종·다문화 국가인 미국이 극복해야 할 중요한 과제인 인종 차별주의가 강화될 수 있는 가능성은 그러한 경향에서 기인하는 커다란 부작용 중의 하나에 지나지 않을 것이다.

**풀어야 할 과제**

미국인들은 여러 인종 집단들이 한꺼번에 미국인으로 편입되어 형성된 것이 아니라 개개인의 이민을 통하여 이루어졌다. 다시 말해서, 미국인들은 그 이전의 인종적·문화적 기원과는 상관없이 개개의 이주자들이 미국 시민이 됨으로써 형성되었다. 미국이 이처럼 개개 시민들로 이루어진 정치적 조직체이기 때문에, 국가로서의 미국의 중요한 기능은 여러 인종 집단들에 대해서가 아니라 개개 시민들을 정당하게 대하는 것이어야 했다. 미국이 제각기 분리된 인종적·문화적 집단들의 조합 내지 결합체가 아니라 개개 시민들의 결합체이기 때문에, 인종 차별주의는 미국 사회에서 완전히 꽃을 피운 다원주의에 대해서 커다란 장애물이 되고 있다. 인종 차별주의는 미국이 통합과 다원성을 동시에 지니는 국가로 남기 위해서는 반드시 풀어야 할 과제이다.

오늘날, 많은 미국인들은 인종 차별 문제 및 인종 문제를 미국 사회가 해결해야 할 매우 중요하고 심각한 사안으로 여기고 있다. 1996년의 한 갤럽Gallup 여론 조사에 의하면, 81%의 미국인들이 최근 일어나고 있는 인종적·민족적 다원주의의 증가를 좋은 현상으로 생각하고 있었다. 그리고 90%의 미국인들은 인종이나 민족적 기원과 관계없이 모든 사람들을 평등하게 대하는 것이 미국 시민의 필수적이고 매우 중요한 의무로 생각하고 있었다. 그러면서 이 여론 조사는 또한 미국인들이 자신들의 나라가 여러 지역·국가에서 온 사람들이 하나의 국민으로 합쳐지는 세계에서 가장 큰 '인종의 용광로'라는 생각을 강력히 지지하고 있음을 보여주었다.

오늘날, 미국 사회에서는 '인종의 용광로'에 반대하는 '인종주의의 반란'이 다수 미국인들의 지지를 얻고 있는 것 같지는 않다. 하지만 앞으로 점점 더 많은 수의 미국인들이 이러한 생각을 받아들이게 된다면 미국은 심각한 상황에 빠지게 될 것이다. 그러므로 미국 사회는 전통적인 단일성(unum)과 다양성(pluribus)간의 균형을 회복하기 위해 노력해야 할 것이다. 문제는 그것을 어떻게 이루느냐 하는 것이다.

미국은 인종적·종교적·민족적 기원이 다른 사람들을 하나의 국민으로 만드는 데 있어서 탁월한 능력을 보여주었다. 이들 이질적인 사람들을 하나의 동질적인 국민으로 만든 것은 민주적 원리들이 미국인들로 하여금 철학적으로 통합의 유대감을 갖게 하고 또한 실제적으로 시민 생활에 참여하도록 함에 의해서 가능했다.

이렇게 볼 때, 미국 사회의 인종적 분열을 막는 가장 최선의 방법은 활력 있는 민주주의, 즉 미국인 개개인을 공공의 목표들에 적극적으로 참여시키는 것이다. 미국의 역사에서 가장 두드러진 현상들 중의 하나는 보다 많은 미국인들을 자유와 평등의 영역에 지속적으로 포함시킨 사실이다. 흑인 해방이 그렇고, 아메리카 원주민(인디언)들에게 시민권을 부여한 사실이 그것이다. 그 결과, 미국의 역사는 모든 미국인들의 것이 되었고 모든 미국인들을 포함하게 되었다. 여기서 국가에 대한 강한 응집력이 생겨나게 된 것이다.

미국의 역사는 또한 미국의 국가적 정체성을 정적으로 한 곳에 머물게 하지 않고 항상 동적으로 변화시켰다. 미국의 역사가 여러 문화 집단들의 상호 작용에 의해서 그리고 계속적으로 확장되는 역사적 경험에 의해서 항상 다시 서술되고 있기 때문에 미국의 국가적 정체성은 변화를 거듭하고 있다. 하지만 미국인들의 생활에 있어서의 핵심적인 가치(민주주의의 원리)들은 세대를 이어서 지속되고 있다. 그 이유는 그 가치들이 미국인들의 삶에 잘 이바지하고 있기 때문이다. 나아가, 미국적 생활의 근본적인 성격들은 계속되는 이민의 물결과 계속 늘어나는 역사적 경험에 의해서 강화되고 있다.

오늘날 미국 사회에 있어서 한 가지 특기할 만한 사실은, 모든 인종과 민족 집단의 벽이 그렇게 두터운 것이 아니라는 점이다. 종교적 신념이 다른 집단들 간의, 인종·민족적 기원이 다른 집단들 간의 결혼이 늘 행해지고 있으며, 지금 그것은 빠른 속도로 전개되고 있다.

이러한 상이한 종교적·인종적·민족적 집단간의 결혼은 그 결과 나타난 자녀들에게 새로운 범주의 '정체성'의 위기를 불러일으킨다. 예컨대, 유명한 프로 골퍼 선수 타이거 우즈Tiger Woods는 어머니가 태국계이고 아버지는 아프리카계 미국인(흑인)과 아메리카 원주민(인디언)과 아일랜드계 미국인의 후손이라고 주장하고 있기 때문에 어느 문화·인종 집단에 속하는지 가늠하기 어렵다. 그러한 복수의 문화적·인종적 유산을 갖고 있는 사람에게는 어떤 정도 선택의 재량권이 주어질 것이고, 그러한 선택은 시간이 지남에 따라서 변할 수 있다. 중요한 사실은 이러한 인종·민족·종교가 상이한 집단 간의 결혼이 이질적인 집단들간의 벽을 허물어 분열적인 인종주의의 논리와 명분을 약화시킬 수 있다는 점이다.

미국 사회에서는 단일 국민 미국인으로의 동화가 엄청난 규모로 이루어졌고 또한 계속되고 있다. 동시에, 여러 인종·민족·문화적 집단들의 정체성도 지속되고 있다. 그러나 어느 특정 집단의 정체성이 갖는 의미는 시간이 흐르면서 변했고, 한 집단의 다른 집단과의 관계에 따라 계속 변하고 있다. 예컨대 오늘날의 '남부 백인'의 의미는 1860년, 1960년의 그것과는 분명히 다르다.

미국인으로서의 정체성은 출생이나 귀화의 권리를 통해서, 즉 시민권의 획득을 통해서 이루어진다. 그리고 미국인으로서 정체성의 일부는 다른 미국인들과 공유되고 있고(단일 국민으로서의 미국인), 다른 일부는 미국인의 여러 하부 구조들과 공유되고 있다(예컨대 아일랜드계의 가톨릭교도). 하지만 미국인으로서의 공통적인 정체성은 민주주의·기회 균등·평등·자유와 같은 미국적 이상의 토대에 기반하고 있는 '미국 시민'이다. '미국인'들은 민주주의에 기반을 두고 있기 때문에 개인의 권리를 보호해야 하고 동시에 공동체에 대한 의무를 인정해야 할 것이다. 미국의 국가로서의 의미는 미국인 모두를 위한 자유와 정의의 열망이라는 공통된 기반 위에서 존재한다. 따라서 미국인들은 민주주의에 대한 헌신을 통해서 그들의 국가 정체성의 위기(만약 심각하게 존재한다면)를 극복해야 할 것이다.

끝으로, 미국 사회의 정체성 문제와 관련해서는 한 가지 모순적인 현상이 발견된다. 그것은 미국이란 나라가 너무나 개인주의적이고 너무나 유동적이고 너무나 결속력이 약한 나라이기 때문에, 오히려 미국인들은 자신들의 국가와 사회에 강하게 헌신하게 되었다는 사실이다. 군주제, 귀족 제도, 계급 제도, 국교 제도처럼 여타 지역 사람들에게 그들이 누구이고 그들이 어떻게 전체 사회와 연결되는지를 알게 해준 '봉건적인' ·제도나 조직을 갖지 않았던 미국인들은 그들 스스로의 노력에 의해서 미국인으로서의 유대감을 갖게 되었다. 미국이란 나라 혹은 공동체가 다른 지역에서와 달리 미리 주어진 것이 아니었기 때문에, 미국인들은 그들 자신의 공동체를 창조하기 위해 보다 노력을 경주했고, 그 결과 어느 다인종·다민족 집단의 국가나 사회들보다 결속력 있는 국가를 이룰 수 있었다. 나아가, 미국이 이민 온 사람들과 국외자(아메리카 대륙 원 거주자가 아니란 말)들로 이루어진 그야말로 이질적인 사회였기 때문에 미국인들, 즉 미국 시민들은 오히려 국가에 대해 강한 소속감을 느끼게 되었다. 그렇지 않으면 그들의 나라는 산산이 분열되어 버릴 수밖에 없었기 때문이다. 미국인들에게 있어서 미국이란 나라 내지 사회에 속하게 되는 것은 쉬운 일이 아니었다. 하지만 그것은 가치 있는 일이었다.

미국인들은 스스로의 힘든 노력과 민주주의에 대한 헌신을 통해서 국가적 분열의 위기를 극복해오고 있다는 점에서, 유사한 위기를 겪고 있는 다른 국가와 사회들에 모범이 될 수 있을 것으로 보인다.

# 참고문헌

김진웅, 「'미국인'의 의미와 성격」, 『미국사연구』 제5집, 1997.

Alexis Tocqueville, de. 『Democracy in America』, Alfred A. Knopf, 1945.

Arthur M. Jr. Schlesinger, 『The Disuniting of America: Reflections on a Multicultural Society』, W. W. Norton, 1992.

Gunnar Myrdal, 『An American Dilemma: The Negro Problem and Modern Democracy』, Harper & Row, 1962.

Horace M. Kallen, 『Culture and Democracy in the United States』, Boni & Liveright, 1924.

Michael Walzer et. al. ed., 『The Politics of Ethnicity』, Harvard University Press, 1982.

Michael Walzer, 『What It Means To Be an American』, Marsilio, 1992.

Ronald H. Bayor, 『Race and Ethnicity in America: A Concise History』, Columbia University Press, 2003.

Samuel P. Huntington, 『Who Are We?: The Challenges to America's National Identity』, Simon & Schuster, 2004.

Stephen Thernstrom ed., 『Harvard Encyclopedia of American Ethnic Groups』, Harvard University Press, 1980.

**미국인의 탄생** 미국을 만든 다원성의 힘

| | |
|---|---|
| 펴낸날 | 초판 1쇄  2006년  10월  30일 |
| | 초판 2쇄  2013년   2월  18일 |

| | |
|---|---|
| 지은이 | 김진웅 |
| 펴낸이 | 심만수 |
| 펴낸곳 | (주)살림출판사 |
| 출판등록 | 1989년 11월 1일 제9-210호 |

| | |
|---|---|
| 주소 | 경기도 파주시 문발동 522-1 |
| 전화 | 031) 955-1350    팩스   031) 955-1355 |
| 기획 · 편집 | 031) 955-4662 |
| 홈페이지 | http://www.sallimbooks.com |
| 이메일 | book@sallimbooks.com |

ISBN   978-89-522-0575-9   04080

※ 값은 뒤표지에 있습니다.
※ 잘못 만들어진 책은 구입하신 서점에서 바꾸어 드립니다.